親の家を売る。

維持から売却まで、この1冊で大丈夫！

永峰英太郎 著
高橋正典 監修

自由国民社

はじめに

私の両親が埼玉県所沢市に家を建てたのは、1974年――私が5歳のときでした。その後、私は20歳で親元を離れました。独立後は、親の家のことにはずっと無関心でした。

そんな私が、親の家と深く関わりをもつことになったのは、2014年でした。母が他界し、認知症の父が老人ホームに入り、私と姉が「将来的に親の家をどうするのか」を決める立場になったからです。

こうしたケースは、私の家族だけの出来事ではなく、親の老いとともに、多くの子供に起こり得ることだといえます。

親の家をどうするのか――。私たちは「父が生きているあいだは維持し、その後売却する」ことに決めました。たとえ数時間でも、父が帰れる場所を作ろうと思ったからです。

本書を手に取ったみなさんも、維持する期間の違いはあるものの、同じようなステップを踏んでいくのではないでしょうか。

ここでお伝えしたいのは、予備知識なしで、親の家の維持や売却に挑むと、相当な苦労や失敗をするということです。また、税金や家の売却金額で損をするリスクも高まります。私自身、かなりの苦労や失敗をしました。

空き家の家は、放っておけばすぐに傷むこと、ご近所さんの目は厳しいこと、親の家を引き継ぐ際は、相続税が発生する可能性があること、親の家の売却には、相続登記をする必要があること……等々。予備知識がないと、コトあるごとに壁にぶつかります。

でも、大丈夫です。

本書では、親の家の維持・売却に必要な情報をすべて盛り込みました。1章では、家の維持・売却をスムーズに進めるために、親が元気なうちにしておきたいことを紹介します。2章では、空き家を維持するコツを、3章では、親の死にともなう、家を含めた相続税対策と申告についてレクチャーしていきます。そして4章では、実際に親の家を売る方法を、5章では、家の相続登記の仕方を紹介します。

すべて私の経験やさまざまな取材をもとに、さらに監修者である不動産コンサルティングの高橋正典氏のアドバイスをたっぷり加えた1冊になっています。

この本を読んで、満足のいく、親の家の維持・売却を実現しましょう！

永峰英太郎

3章 親の家を含め、相続税対策&申告をする

4章 親の家を売却する

1章

親が老いてきたら、話し合っておきたい「家」のこと

2013年の10月
母が末期がんに
同時に
父の認知症が発覚
?
その事実を知ったときの
衝撃といったら!
ドォォォーン!!
病気ひとつしたことのなかった両親
それなのに……
PTAの
仕事をしていた母
フリーアナウンサーを
していた父
NEWS
みなさんに伝えたいこと
親の病気
認知症
大事故……
突然やってきます!

母が亡くなり 父の有料老人ホーム 入居を決めた
親の家を売って その資金に充てようか
姉
そうだね
でも 勝手に 売っていいのかなぁ
う〜ん
帰りたいな…
家に帰りたいって言ったら 言いわけできないよね
やっぱり やめておこう
痛感したこと…
親が元気なうちに 「万一」のときの準備をして おかないと すべて手遅れに なるということです

家の売却については……
もしお袋や親父が施設に入ることになったら家を売るのもありかな？
うん　まかせるわ
コクン
まぁ　ありえないことだけどね（笑）
アハハハハ
話し合っておけばよかったなぁ……

家関連でいえば……
建物購入価格1500万円
確定測量
家の書類のありかを聞いたり
片づけ
リフォームをしたり……
親の家の名義人のチェック
あ！家の名義人が祖父のままだ！
名義人 永峰五十吉
家のことだけじゃありません
預貯金のこと
定期預金のこと
保険のこと
BANK
今のうちに対策を講じておきましょう！
そうすれば親が万一の事態になってもしっかりフォローすることができますよ！

1-1

親の「老後の住処」と「家の維持・売却」の方針を確認しておく

親の家は、親のものです。子供のものではありません。母が末期がんで亡くなり、認知症の父が有料老人ホームに入所したとき、私は親の家を売ることを考えました。もう誰も住まない可能性が高いからです。

しかし、老後に家をどうしたいのかの気持ちを親に聞いていなかったため、売る行動には出られませんでした。もし勝手に売って、父が「家に帰りたい」「家が見たい」などと言い出したら、言いわけが立たないからです。

私のようにならないためにも、**親が老後、どこで暮らしたいのか、必ず聞き出しておいてください。タイミングは、「親の定年前後」です。**デリケートな話題だけに、老いが顕著になってしまうと切り出しにくくなってしまうからです。

親に「老後の住処」の希望を聞く

ひと言で「老後」といっても、介護が必要か否かで、住まいの選択は異なってきます。そこで、まずは老後の状態を「元気」「介護期（認知症など）」の2段階に分け、どんな暮らしをイメージしているのか聞いていきます。このときは、「配偶者が

[親の“老後の住処”の選択肢は多い]

親に、「老後」「介護期(認知症など)」は、どこで暮らしたいのかを聞いておきます。選択肢は多いので、親と一緒にこのシミュレーションを使ってチェックしてみましょう。

自宅

施設に入りたい

引っ越したい

住み続けたい

賃貸住宅
マンションやシルバーハウジング（自立可能な高齢者専用の公的賃貸住宅）などを借りる。

マンション購入
都心や駅近く、病院に近いなど、利便性の高いマンションを購入し、移住する。

リフォーム
「階段に手すりを付ける」などバリアフリーにして、年寄りが暮らしやすい家にする。

建て替え
間取りを大きく変えたり、全体的にバリアフリー化する場合は、建て替えが最適。

年相応な場合

認知症など介護が必要な場合

サービス付き高齢者向け住宅
バリアフリー構造の住宅。有資格者の相談員が常駐し、安否確認と生活相談サービスが受けられる。シニア向け分譲マンションもある。月数10万円程度。

一般型・混合型ケアハウス
軽費老人ホーム。自宅での生活が難しい人が、生活支援サービスを受けながら生活できる。一般型（自立型）と、介護型がある。永住可能。月10万円程度。

介護付き有料老人ホーム
主に民間企業が運営する。介護保険の適用を受ける。自立していても入所できる施設もある。終の住処として選択をする人は多数。月15～30数万円程度。初期費用がかかるケースも。

特別養護老人ホーム（特養）
地方自治体などが運営する。入所条件は、要介護3以上。基本的に永住できる。安価のため、競争率はかなり高い。介護度が高い人から入所できる。月数万～18万円程度。

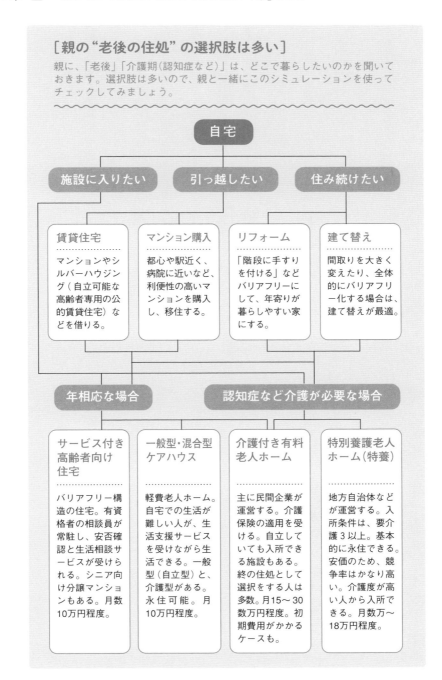

いるとき」と「いないとき」に分けて聞きます。

老後の住処のバリエーションは広がっています。前ページに選択肢を載せたので、親に一つひとつ説明しながら、話し合っていくと良いでしょう。

親の老後の住処の希望がわかると、将来的に、親の家をどうするのか、その方向性が見えてきます。

年金や預貯金では、カバーしきれない場合、「家の売却」を視野に入れる必要があるからです。

特に、その可能性が高いのが、多額の費用が発生する「老人ホーム」と「引っ越し」の二つです。

家賃が高い有料老人ホーム

永住可能な老人ホームは、主に「特別養護老人ホーム」と「介護付き有料老人ホーム」がありますが、後者は月額家賃が15～30数万円程度かかります。頭金もかなり高めのケースが多いです。

一見、親世代の預貯金額は多そうに思えますが、じつは、そんなことはありません。厚生労働省の調査（２０１９年）によると、高齢者世帯の31・８％が、貯蓄３００万円未満となっています。貯蓄２０００万円以上は、18・６％に過ぎないのです。

親に「預貯金」や「年金額」をはっきり聞くのは抵抗があるはずです。この時点では**「足りるか否か」程度を聞けば、それで十分です。**

そして「足りない」のであれば、将来的に「家を売る」のか、老後の住処の選択を見直すのか、話し合っておきましょう。

一方、**預貯金や年金額に余裕があったり、自宅**

［家を維持するメリット］

空き家になっても、家を維持するケースは多くあります。雑草取りなどの面倒もありますが、メリットも多くあります。

親の活力のもとになる

施設に入ったとしても「元気になり、絶対に家に帰る！」などと目標ができ、頑張る力になります。

親がいつでも帰宅できる

病院にいても、老人ホームに入所しても、月１回は自宅で過ごすことなどが可能になります。

子供が住む選択が残る

今は、親の家に住む選択がなくても、将来的に経済上の事情などで、子供が実家に住むこともあり得ます。

故郷を保てる

親の家を売ると、故郷が１つ消滅することに。維持していれば、親も子供も故郷を保てます。

に住み続ける選択をした場合は、「家を維持する」ことになります。親が老人ホームに入り、家が空き家になった場合でも、「家を維持する」ケースは多いかと思います。親にとって、家はかけがえのないものだからです。

「家を維持する」ことのメリットは多い

私の母は、病院で亡くなったあと、私たち家族と一緒に自宅で1日を過ごしました。家を維持していたからこそできた、最後の親孝行でした。「家を維持する」かどうかを、きちんと話し合っておきましょう。

親の老後の住処や、家の維持・売却などの方針がわかれば、いざその時が来ても、慌てずに対応できるのです。

1-2

家を相続する人と遺産の分割方法を決めておく

親が亡くなれば、家族の誰かが、不動産を相続します。そして、その不動産を売却する際は、相続した人が、不動産登記を行い、親から自分に所有権移転をする必要があります（3章・5章参照）。

これらの手続きをスムーズに進めるには、相続人同士で揉めないこと――これが重要です。両親の死去にともなう遺産配分の仕方は、子供同士で等分するのが民法上のルールです。しかし、不動産は切り分けができません。そのため、均等に分けることが難しく、揉める可能性もあるのです。

では、どうしたらいいのか。**親が健在なうちに、家族間で「不動産を含めた遺産をどうするのか」についてのルールを作っておく**のです。遺産は、相続人同士の話し合いで、分配方法を決めてもかまわないからです。

換価分割を選ぶ人が多い

不動産遺産の分割方法は、主に「現物分割」「換価分割」「代償分割」「共同持分」があります（左ページ参照）。私が選択したのは、不動産を売ってお金に換えてから分ける「換価分割」です。私の知人の多くも、この方法を選択していました。

[遺産の分割方法は4つある]

預貯金だけの遺産相続は、法定相続分に則って分割すればいいのですが、不動産があると、そうはいきません。ここで主な分割方法を紹介します。

現物分割

不動産は長男、預貯金は長女など、財産ごとに誰が相続するかを決める方法です。

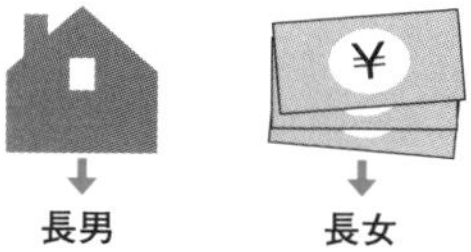

¥
長男
長女

向いているケース

- 多少の不公平感について、相続人の間で納得している場合。
- 当面、不動産を維持したいと考えている場合。

換価分割

不動産を売ってから、相続人同士で分ける方法。他の預貯金なども同様に分けます。

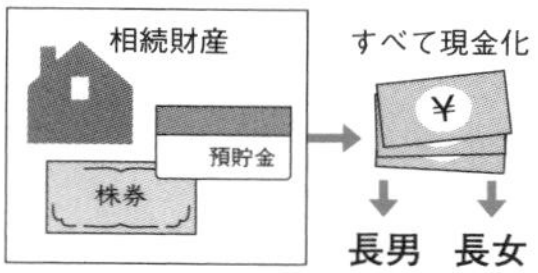

相続財産
預貯金
株券
すべて現金化
¥
長男
長女

向いているケース

- 法定相続分で、きれいに分けたいと思っている場合。
- 不動産を売却したいと考えている場合。

代償分割

相続人の1人が不動産を相続し、不公平が出た場合、他の相続人に現金を支払う方法です。

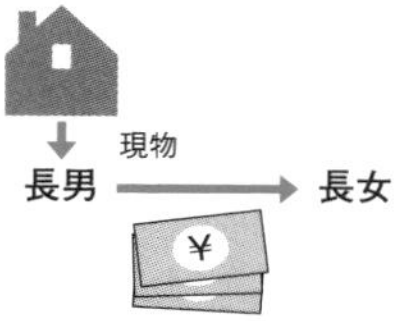

現物
長男
長女
¥

向いているケース

- 遺産が不動産のみで、預貯金などがない場合。
- 不動産を相続する人がお金に余裕がある場合。

共同持分

複数の相続人が、不動産の所有権を遺産分割割合に応じた持分により共有する方法です。

持分
1/2
長男
持分
1/2
長女

向いているケース

- 「不動産を売る場合は、全員の合意が必要になる」「共有権者が死去すると、その権利が相続され、ねずみ算式に増えていく」などデメリットが多く、選ぶべきではありません。

私は姉と話し合って「まずは預貯金を半分半分に分ける。家の相続人は自分がなり、家を売った段階で、その半分を姉に渡す」と決めました。

なお、**換価分割は、なかなか気づかない盲点もあります。まず「不動産を売る人は、相当な手間ひまがかかる」という点です。また、売却時に「譲渡所得税」も課税されます。さらに所得が増したことで、住民税や健康保険料もアップします。**こうした点を理解し、その負担についても、半分半分になるように話し合っておくことが大切です。

持ち家のない子供が不動産を継ぐ

その他の分割方法では、不動産を相続した人が、不公平が出た部分を他の相続人に現金（代償金）で支払う「代償分割」を選択する人もいます。ただし多額の現金が必要になります。「現物分割」は、兄弟間の関係性が良好であれば、選択の余地はあります。なお、「共同持分」はデメリットが多く避けるべきです（左ページ参照）。

なお、**不動産の相続人は、相続人の中でリーダー的な存在の人がなるのがベストですが、相続時に、土地の相続税の評価額が80％減額される「小規模宅地等の特例」が利用できる人にするのも選択肢**となります。それは「同居していた人」もしくは「相続開始前の3年間、本人または配偶者が所有する不動産に住んでいなかった親族」——つまり、持ち家のない子供です（82ページ参照）。

賃貸住まいの兄弟がいたら、その人を相続人にしましょう。その場合は、遺産相続時に、少し有利な条件を与えるなどの配慮はお忘れなく。

［換価分割のスムーズな進め方］

私は父の死後、姉との遺産分割は、換価分割を選択し、トラブルなく終わらせることができました。その進め方を紹介します。

step1 家を相続する人を決定

親が死亡し、姉と話し合って、「小規模宅地等の特例」が使える私が家を相続することにしました。

→

step2 預貯金の相続

我が家の遺産は「不動産」と「預貯金」のみ。まずは、預貯金の相続をして、姉と半分半分に分配。

→

step3 相続税申告

家は維持した状態で、相続税の申告をしました。同時に「小規模宅地等の特例」の申請も。

↓

step4 家の相続登記と売却

売却にあたり、家の相続登記を実施。家の価格などは、逐一姉に伝え、了承を得ました。

←

step5 お金の分配

売買が成立。得たお金から各種手数料を引いた額の半分を姉に渡しました。

←

step6 譲渡所得税などの折半

譲渡所得税、住民税と健康保険料のアップの額を姉に伝え、半分を私に振り込んでもらいました。

［共同持分はデメリットが多いので要注意］

複数の相続人が、不動産の所有権などを遺産分割割合に応じた持分により共有する「共同持分」。一見、公平にみえるため、選択する人もいますが、デメリットが多くあります。

デメリット1 不動産売却時、共有権者全員の合意が必要

1人でも「売りたくない」と反対する人がいれば、売却ができなくなります。

デメリット2 共有権者の1人が自己破産したら、共有持分が他人の手に渡る

身内ではなく、他人が共有持分になれば、売却は難航します。

デメリット3 共有権者が死亡すると、その家族が相続することになる

共有持分の権利は相続できるので、共有権者がどんどん増えます。

1-3

相続人同士で揉めそうならば、遺言書は必須

家の相続に関する話し合いの結果、相続人の誰かが、無謀な要求をしたり、話し合いに応じないケースもあり得ます。じつは、親が健在なうちに話し合いをすべきなのは、早い段階で、そうした相続人をあぶり出す意味合いもあるのです。

こういうときは「遺言書」の出番になります。

遺言書とは、遺言者（親）が死後、自分の財産を、どう相続させるのかなどをまとめた文書のこと。例えば「長男に不動産を相続させる」という内容の**遺言書があれば、相続人の誰かが反対意見を述べようと、そのとおりにできます。**民法上の遺産配分ルールに従う必要もありません。

自筆証書遺言がオススメ

遺言書には「公正証書遺言」と「自筆証書遺言」があります。前者は、公証役場に出向き、証人立ち合いのもと、公証人が遺言者に聞き取りをして作成します。そして公証役場に保管されます。財産が1000万円で1万7000円の費用がかかります。

オススメは後者です。以前は確実性などに難点がありましたが、法の改正で、デメリット面が改

[自筆証書遺言が安全・確実・迅速になった]

改正前に比べ、改正後は、自筆証書遺言の利便性が相当高まりました。
改正前と改正後の違いを見ていきます。

改正前		改正後
本人	**作成者**	本人
すべて自筆で	**作成方法**	基本は自筆。財産目録はパソコンでの作成や書類の添付でOK
なし	**費用**	数100円の印紙代。保管費用3,900円
自宅など	**保管場所**	法務局
体裁に不備があると、効果がなくなる	**注意点**	法務局のチェックがあり、不備を指摘してもらえる

[遺言書に盛り込む内容]

遺言書には、表題から始まって、最後に日付を書く"基本構成"があります。
具体的な記述例は次ページで紹介します。

1：表題	「遺言書」と書く。
2：前文	書面にて遺言書を書くことを宣言する。
3：誰に建物や土地を相続させるか	不動産の面積や住所を記載し、誰に相続させるかを記入。財産目録を添える場合は、詳細は不要。
4：預貯金等を誰に相続させるか	銀行名、支店名、種別、口座番号を記載し、誰に相続させるかを記入。財産目録を添える場合は、詳細は不要。
5：その他の財産を誰に相続させるか	現金や株など、他の財産を誰に相続させるかを記入。
6：その他諸条件の指定	相続人に伝えたいことを記載する。
7：遺言執行者の指定	遺産相続する際の実行責任者を指定する。
8：日付など	遺言書を作成した日付を記載する。署名し押印する。

善されたからです。自筆といっても、数字だらけの「財産目録」は、PCで目録を作ったり、通帳のコピーや不動産事項証明書などを目録として添付できるようになりました。法務局で保管もしてもらえます。さらに検認手続きも不要で、すぐに相続手続きに入ることができます。

フォーマットに則って書くだけ

自筆部分については「日付の自筆」「氏名の自書」「押印」「余白が必要」といった形式的要件を満たしつつ、フォーマットに則って書くだけです。形式的要件は、法務局の担当者がチェックしてくれます。遺言書が完成したら、法務局の予約サービスサイトで予約をして、法務局に行きましょう。

左ページに具体的な記述内容を載せましたので、参考にしてください。この中の**「遺言執行者」は、書き漏らしてはいけません。**遺言執行者は、遺言書を実行するうえでの責任者で、民法上で認められた存在です。遺言執行者がいないと、遺言書があっても、相続人の反対があれば、手続きを進めることはできなくなります。

遺言書は、相続人が認知症になったときも役立ちます。私の母が亡くなったとき、父は認知症だったため、母の預貯金について、金融機関から「成年後見人を立ててもらえないと……」と断られました（44ページ参照）。遺言書があれば、断られることはありません。

相続人の誰かが無謀な要求をしたり、相続人の1人が認知症になったときは、遺言書が必須だと、親に伝えてください。

[自筆証書遺言の具体的な記述例]

長男に不動産を、長女に預貯金を相続させる場合で、財産目録を添えるときの遺言の書き方を紹介します。すべて自筆で、A4サイズを使用し、上下左右は余白を設け、ページ番号も記述します。

「相続させる」もしくは「遺贈する」と記載します。

氏名のほか、生年月日や住所など、人物の特定ができるように記載します。

付言事項がある場合は、ここに自書します。

ページ番号を記述する。財産目録が2ページ分ある場合は「1/3」と記載します。

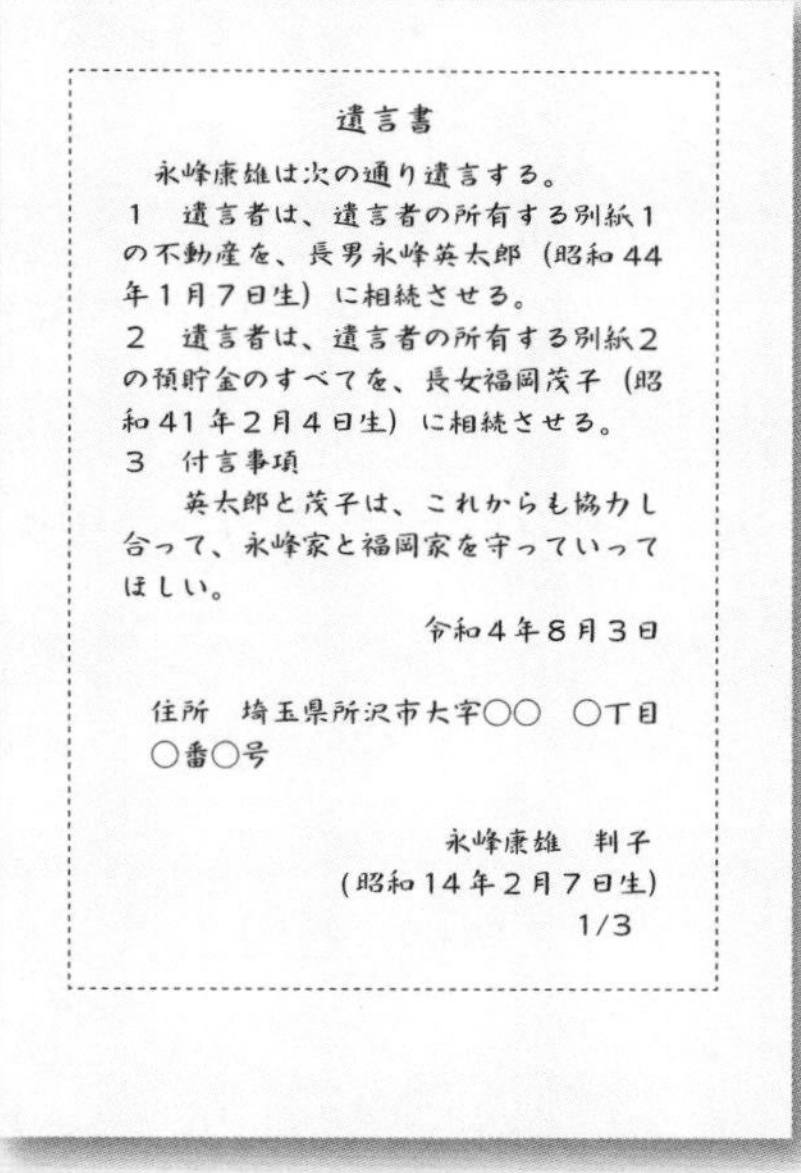

遺言書

永峰康雄は次の通り遺言する。

1　遺言者は、遺言者の所有する別紙1の不動産を、長男永峰英太郎（昭和44年1月7日生）に相続させる。

2　遺言者は、遺言者の所有する別紙2の預貯金のすべてを、長女福岡茂子（昭和41年2月4日生）に相続させる。

3　付言事項

英太郎と茂子は、これからも協力し合って、永峰家と福岡家を守っていってほしい。

令和4年8月3日

住所　埼玉県所沢市大字○○　○丁目○番○号

永峰康雄　判子

（昭和14年2月7日生）

1/3

※法務省のHPを参考に作成

[財産目録]

財産目録も、遺言書と同じように、A4サイズを使用するといった様式上のルールを守る必要があります。

不動産の場合

登記事項証明書の一部分やコピー（縮小可）を財産目録として添付し、所在、地番、家屋番号等により不動産を特定できるようにします。

預貯金の場合

銀行の通帳の銀行名や口座番号が書かれたところをコピーし添付します。

1-4

家に関する書類をそろえておいてもらう

私の親は、家に関する書類として「登記簿謄本」と「登記済権利証」を保管していました。しかしこれら二つの書類は、家を売却したとき、出番はありませんでした。ほかで代用がきくからです。

私が親の家を売却するなかで、必要だと強く感じた書類は「実家の購入費用がわかる契約書」です。なぜかといえば、売った際に発生する税金（譲渡所得税）が安くなる可能性があるからです（左ページ参照）。

例えば、1000万円（土地500万円）で購入した築15年の木造住宅を700万円で売却した場合、契約書があるとないとでは、譲渡所得税は30万円ほどの差が出ます。

家の契約書があれば税金対策に！

私の場合は、家じゅうをチェックしましたが、結局、契約書は見つかりませんでした。**譲渡所得税がかかると、住民税や健康保険料もアップします。**契約書がない場合は、購入した不動産や工務店に聞いてみるのも、一つの方法です。書類が残っているかもしれないからです。

［家を売ると発生する譲渡所得税の計算式］

税率は住宅の所有期間で変わります。親の家は５年以上が普通のため、下に挙げた税率になります。そして税金を安くするポイントは、課税譲渡所得をいかに下げるかになります。

譲渡所得税＝課税譲渡所得×税率（所得税率15％、住民税率５％）

課税譲渡所得＝譲渡収入金額－（取得費＋譲渡費用）－特別控除

- 取得費：購入時の家の価格がわかる場合は、土地の価格はそのまま取得費になる。建物は長期所有の場合、減価償却でほぼ0円。家の価格が不明だと「売却価格の５％」が取得費になる。なお、家の総額しかわからない場合は、固定資産税評価額から按分する。
- 譲渡費用：売却時の仲介手数料、測量費、印紙代など。
- 特別控除：マイホームなら3,000万円の控除などがある。

確定測量の書類も、売却時に役立つ

「確定測量」の書類もそろえてもらいましょう。

確定測量とは、隣地所有者立ち合いのもと、境界を確定させる作業です。家を売却する際は、測量士に依頼し、隣の家や裏の家などから「境界線はココでOK」とハンコを押してもらい、隣家全員が署名捺印した「確定測量図」を作りますが、すでに確定測量が終わっているケースもあります。

私は実家を売却する以前、裏Aと隣Bの家が売却され、その際に、私が立ち合い、確定測量をしていました。この書類があれば、私が家を売却する際は、AとBについては、再度確定測量をする必要はないのです。その分、費用は浮きます。親にその旨を伝え、残しておくように伝えましょう。

1-5 家に関する「懸案事項」は今のうちに解決しておく

家を売るには「抵当権の抹消手続き」を完了している必要があります。親が住宅ローンを組んでいた場合は、保証会社の抵当権が設定され、その旨が登記簿に記載されます。ローン完済で抵当権はなくなりますが、親が自ら抹消手続きをしなければ、登記簿に記載し続けるのです。そうなると、家の売却は難しくなるので、親が元気なうちに手続きを行いましょう。

境界線があいまいなケースは多い

「境界線の確定」もしておきましょう。25ページで、隣家全員が署名捺印する「確定測量」について触れましたが、そもそも隣家との境界がはっきりしていないと、頓挫する可能性があります。古い住宅の場合、隣の家となんとなく境界線を決めているだけのケースも多いのです。

また先祖代々の家の場合、名義人が親ではなく、祖父などのケースもあります。**登記簿の「所有権」の項目の権利者が親でなければ、すぐに名義人変更を行いましょう。**

これら三つの手続きは、専門家に頼んだほうが無難です。左ページを参考に進めていきましょう。

抵当権の抹消手続き

家の売却時には、抵当権の抹消が求められます。必ず親に手続きをしてもらいましょう。

step1 手続き済みかチェック

抹消手続き済みであれば、紙の登記簿の場合、下の画像のように「抵当権設定」に×印が引かれています。全部事項証明書は、下線が引かれています。これらがない場合は、まだ手続きをしていない状態です。

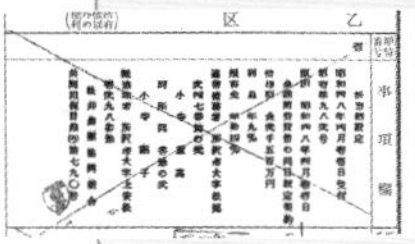

step2 書類をそろえる

住宅ローンを完済した際、銀行から以下の書類が送られてきます。ない場合は、銀行に連絡をして再発行してもらいます。

〈必要なもの〉
- 登記済証または登記識別情報
- 弁済証書
- 抵当権抹消の委任状

step3 司法書士に依頼

抵当権の抹消手続きは司法書士に依頼しても、費用はそれほどかかりません。書類の再発行もまかせてOKです。

費用… 数万円

境界線の確定

土地の境界があいまいなままだと、家の売却が困難になってしまうので、今のうちにはっきりさせておきましょう。

step1 確定済みかチェック

まずは自宅の隅々に境界を示す「境界標」があるかチェック。また法務局から地積測量図を取得し調べます。これらがない場合は、境界線があいまいな状態といえます。

step2 隣人と話し合う

境界線があいまいであれば、その隣人に「境界線を確定しませんか？」と切り出し、あいまいなままだと、将来的にお互い面倒になることを伝えれば、理解は得られやすくなります。了承を得ましょう。

step3 土地家屋調査士に依頼

境界線確定は、土地家屋調査士に依頼します。ただし、隣人との関係性が良好ならば、家の売却時でもOKです。

費用… 35〜40万円

親の家の名義人変更

田舎の実家の場合、親ではなく、祖父母の名義のままの可能性があります。この場合は、すぐに変更手続きをしましょう。

step1 名義人をチェック

全部事項証明書を取得し「権利部」をチェック。ここ書かれている名前が名義人となります。親の名前ではなく、祖父母の名前のままのケースがあるのです。

権利者その他の事項
原因　昭和４９年８月２３日売買 所有者　所沢市大字松郷８７番地５７ 永　峰　康　雄 順位２番の登記を移記

step2 司法書士に依頼

名義人が祖父母の場合、その子孫全員の承諾を得て、親の名義にします。大変な作業になるので、専門家にまかせたほうが無難です。

費用… 数10万円

1-6 仲の良いご近所さん、メンテナンス業者を聞いておく

私が実家の管理をしていたとき、つくづく実感したのは、近所の人々のやさしさでした。雑草ゴミの収集日は平日だったため、お隣さんに頼むこともありました。それができたのは、親がそのお隣さんと仲良くしていることを、親から聞いていたからです。ぜひ、**仲の良いご近所さんは誰なのかを、聞いておいてください。**

このときは**「近所の中心人物」「危険人物」も聞いておくと良いでしょう**（左ページ参照）。

家まわりのメンテナンス業者も、知っておくと安心です。無人の実家を管理していると、いろいろな災いも起こり得るものだからです。

親が懇意にしている業者を聞き出しておく

私は、水道管の破裂やトイレの故障といった事態にあいましたが、親がどこの業者を利用していたか聞いていなかったので、探すのに苦労しました。世の中には悪徳業者も多いのです。

絶対に知っておくべきは「水道工事業者」と「庭の手入れ業者」、そして「何でも屋さん」です。

親が懇意にしていた業者であれば、親切に対応してもらえます。ぜひ聞いておきましょう。

[知っておきたいご近所さんの情報]

家を維持管理していくうえで、ご近所さんに頼る機会は多くあります。親が元気なうちに、ご近所さんの情報を得ておきましょう。

仲の良いご近所さん → 現時点で、親が親しくしているご近所さんは、無人の家を維持するうえで、頼れる存在になります。

近所の中心人物 → 親が入院＆死亡したときなどに、広い人脈をもつ人が、周囲に声を掛けてくれます。

近所の危険人物 → ご近所さんは、良い人ばかりではありません。関わらないほうがいい人物もいるかもしれません。

[家まわりのメンテナンス業者の情報]

無人の家は、何もしないとすぐに老朽化していきます。親が懇意にしているメンテナンス業者は頼りになる存在です。

水道工事業者

水道管の破裂、水漏れは、起こる頻度が高いといえます。悪徳業者も多いため、親に聞いておきましょう。

庭の手入れ業者

家の維持で、一番厄介なのが、庭の雑草や木の成長です。今のうちに利用する業者を決めておきましょう。

何でも屋さん

家の見回り、雑草取り、清掃……。ちょっとした頼みごとに応えてくれる何でも屋さんは貴重な存在です。

1 - 7

親と一緒に、家の片づけを始めておく

母が亡くなり、認知症の父が施設に入ると、私は実家の整理に入りました。そこで驚いたのは、居間や押し入れ、玄関先など、あらゆるところが、いらないモノでいっぱいだったことでした。押し入れには、私の中学時代のプラモデルの工具が入ったままという有様でした。

これらの光景を見て思ったのは、**こんな空間で暮らしていたら、精神面や健康面で良い影響を与えるはずがないということでした。**つまずいてケガもしやすくなります。

また、実家を売却するときは、基本的に家の中を空っぽにしなければいけません(52ページ参照)。**今のうちに少しずつ片づけをしておけば、いざ売却のとき、とても楽になります。**

家の片づけを先送りしがちな親

なぜ、親は家の片づけをしないのでしょうか。私の親の場合は、「いつでもできる」と先送りにしていたからです。そして、年を重ねるなかで、家の整理はおっくうになってしまったのです。

それだけに、親の自発的な行動を待っていてはいけません。親と話し合いの場を作り、家の中の

[家の片づけをするうえでの4つのポイント]

家が散らかっている場合、何から手をつけていいのかわからないものです。そこで、以下の4つについて片づけをするとスッキリします。

1：押し入れ

押し入れの中のモノをすべて出してみます。そして長いあいだ使っていないモノをピックアップし、破棄します。

2：大型のモノ

子供部屋のベッドや机、家具、食器棚などをチェックし、まったく使っていないモノは、今のうちに破棄します。

3：大量にあるモノ

本や雑誌、レコード、ＣＤ、ビデオ……。親がもう不要だと判断したものは、古本屋などに売ってしまいましょう。

4：細かいモノ

食器類、文房具、タオル、電源コードといった細かいモノで、大量にある場合は、必要最小限に減らしましょう。

[重要なモノは整理して保管する]

家の片づけをしていくと、重要なモノも多く目にするものです。今のうちにまとめておき、置き場所を共有しておきましょう。

不動産関連の書類

- 登記簿
- 登記済権利証
- 家の契約書
- 境界確定書類

etc.

預貯金関連一式

- 通帳
- 印鑑
- カード

etc.

そのほか

- 貴重品
- 実印
- 有価証券
- 保険証券

etc.

↓

保管場所を決めて、情報を共有する！

整理整頓をすることが、どれだけ老後の生活を快適にするのかを伝えてください。

親の価値観を尊重して片づけをする

実家の片づけをするうえで、**絶対にやってはいけないのは、親の価値観を無視して「これはいらないでしょ！」と勝手に片づけをする行為です。**

子供が不要だと感じるモノが、親にとっても不要なモノであるとは限らないからです。私は、母に「アルバムの写真はデータ化して捨てようよ」と打診したところ、「紙で残しておきたい」と言われたことがあります。ここで反論すれば、揉めるだけです。親の価値観を尊重しましょう。

家の整理は「押し入れ」と「大型のモノ」「大量にあるモノ」「細かいモノ」から始めるとすっきりします。31ページを参考に断捨離していきましょう。

ゴミの処分は、各自治体の粗大ゴミ受付センターに持ち込むのが基本になります。そのため大きな家具などの処分は難しいケースもあります。その場合は、民間の不用品回収業者に依頼すると良いでしょう。1品目5000円程度です。

本やCDなどに関しては、その数が多ければ、古本屋の買取サービスを利用しましょう。

なお、**実家の整理をするというのは、いらないモノだけではなく「重要なモノ」をそろえておく機会にもなります。**

不動産関連の書類、預貯金関連一式、保険証券などについて、親と話し合い、「居間の戸棚の中」などと場所を決めて、そこにそろえておくように

［家の片づけで、家の状況を見極める］

実家の整理をすると、家の隅々を見ることになり、今の家の状況が把握できるようになります。

見極め1
家全体が汚くないか？

家が汚いと、親の生きる意欲が低下していないか、認知症の兆候など、親の健康＆精神状態が悪くなっている可能性があります。

見極め2
壊れているものはないか？

窓や玄関のカギが壊れていないか、火災・ガスの自動警報装置は作動しているかなどをチェックしましょう。

見極め3
老朽化しているモノはないか？

家電まわり、床まわりなど、老朽化していてるモノはないのかをチェックし、交換していきます。

見極め4
バリアフリー化は必要か？

階段の手すりなど、バリアフリー化が必要なところをリストアップしていきましょう。

します。重要なモノをそろえておくことで、親が万一の事態になったとき、「銀行の印鑑はどこ？」などと探しまわらずに済みます。

実家の状態もしっかりチェックする

また、**親の健康＆精神状態を把握できる良い機会にもなります。**家があまりに汚いのであれば、生きる意欲が低下したり、余裕がない証拠かもしれません。認知症の発症も考えられます。

実家の状態もわかります。窓や玄関のカギが壊れていないか、ガスの自動警報装置は作動しているのか、あるいは老朽化しているモノなどをチェックしていきます。合わせてバリアフリー化の必要性も確認していきましょう（34ページ参照）。

1-8 親の家のバリアフリー化リフォームを行う

私が実家の片づけをするなかで感じたのは「段差の多い家だなぁ」ということでした。また階段には手すりもなく、かなり危険な状態でした。

父は認知症を発症してから4年ほど母と実家で暮らしていましたが、いつ転んでケガをしても不思議ではない状態だったと、反省しました。

国民生活センターの調べによると、**高齢者の転倒事故の7割は「自宅」で起きている**そうです。**自宅の中では「居室・寝室」が一番多く、全体の4割強**を示しています。わずかな段差でつまずいているケースが多いのです。

バリアフリー化の基本は「段差の解消」「手すりの設置」など五つです（左ページ参照）。

自治体や介護保険の助成金を利用

なお、バリアフリー化を行う際、自治体の助成金などを受けられる可能性があります。例えば、足立区では「住宅改良助成制度」があり、段差解消工事で1か所につき3万円の助成が受けられます。また、要介護認定を受けると、補修費用の9割（20万円まで）が支給される「高齢者住宅改修費用助成制度」が利用できます。

[バリアフリー化すべき箇所]

実家のバリアフリー化を行う場合は、次の5つを重点におきましょう。

段差の解消	ほんの少しの段差であっても、高齢になるとつまずく原因になります。床をフラット化、もしくはスロープ化します。
手すりの設置	玄関や階段の段差部分、立ち座りするスペースなどには、体を支えるための手すりの設置は必須になります。
床を滑りにくくする	滑りやすい床は転倒事故を引き起こす危険性が高いといえます。滑りにくい材質の床材に変えます。
家の明るさを均一化する	高齢になると、視覚機能は低下します。人感センサー付きの照明にして、明るさの均一化を図ります。
トイレや浴室の改良	和式トイレを洋式トイレにしたり、浴室の段差をなくしたり、滑りにくい床への変更などを行います。

[バリアフリー化の助成金]

バリアフリー化をする際は、補助金を利用できます。また固定資産税や所得税の控除も受けられます。

国の補助制度

高齢者住宅改修費用助成制度

要介護認定を受け、「要支援」または「要介護 1～ 5」と認定されると、補修費用の 9 割(20万円まで) が支給される。

補助内容

工事費用の 9 割支給(20万円まで)

自治体の補助制度

住宅改良助成制度(足立区の場合)

各自治体では、バリアフリー化のための補助金制度を設けています。下の例は、足立区の制度です。

補助内容

段差解消工事(浴室を除く)で、1か所につき3万円など

1-9

家の名義人を配偶者や子供に変える

日本では5人に1人が認知症になるといわれています。**家の名義人が認知症になり署名ができなくなると、家を売ろうとしても売れなくなります。**

認知症初期段階で名義人を変える

認知症の症状は、ゆっくりと進行していくため、**親の認知症が疑われた時点で、名義人を配偶者か子供に変更するのも一つの方法**です。そうすれば、お金が必要になった時点で、家を売却できます。

ここで問題となるのが「贈与税」です。親から子供に家の名義人を変えるのは、家の贈与にあたり、贈与税が発生するのです。贈与税の税率は高く、例えば、土地と建物の評価額が1000万円の場合、177万円にもなります。

子供に変更する場合、利用したいのが「相続時精算課税制度」です。2500万円までの贈与が非課税になる制度です。なお、この制度は、親が亡くなった時点で、その金額を含めて、相続税が課せられます。この点は注意が必要です。

配偶者への変更は、2110万円まで贈与税を控除できる「贈与税の配偶者控除」を利用します。ただし結婚20年以上という条件があります。

[相続時精算課税制度]

親から子供に、一気に多額の財産を贈与できる仕組み。ただし、相続税対策にはならない点は理解しておきましょう。

贈与できる人	60歳以上の父母、祖父母
贈与を受ける人	20歳以上の子、孫
控除額	累積2,500万円まで、贈与税がかからない
税金がかかるケース	2,500万円を超えた贈与に対し20%の贈与税
税務署への申告	必要
親が亡くなったとき	相続時に、この制度での贈与額を相続額に加算し、相続税を計算

[贈与税の配偶者控除]

名義人に認知症の気配があったら、配偶者に名義を変えるのも一手です。このときは、この制度を利用します。

条件	婚姻期間が20年以上
贈与財産	国内の居住用不動産、または居住用不動産の購入資金
控除額	最高2,110万円まで、贈与税がかからない
居住期間	贈与を受けた年の翌年3月15日までに、贈与された不動産に居住し、その後も引き続き居住する予定であること
税務署への申告	必要

※相続税には非課税枠や特例などがあるため（78ページ参照）、相続税対策としての活用には不向きです。

1 - 10

親の預貯金について、親と話し合っておく

親の老後は、介護付き有料老人ホームへの入居も選択肢になります(13ページ参照)。このときは、親の家を売って、その資金に充てるケースも出てきますが、それには時間がかかります。親の預貯金が多ければ、そちらを使うのが基本です。入院費用、親の生活費にも使えます。

銀行カードの暗証番号を聞いておく

それだけに、**親と「〇〇のケースでは預貯金を使うよ」と話し合い、了承を得ておく**ことが大切です。かく言う私も、母と話をしました。しかしながら、母が末期がんで危篤状態となったとき、お金は下ろせませんでした。銀行カードの暗証番号を聞いていなかったからです。

金融機関のカードやハンコの在り処だけでなく、暗証番号も聞き出しましょう。

また親世代は、定期預金を利用しているケースが多いのですが、親が認知症になれば、一切動かせなくなります。「子供です」と伝えても、一切応じてくれません(44ページ参照)。その事実を親に話して、自動継続で契約しているのであれば、自動解約や満期前解約をするようにしましょう。

[把握しておきたい親の預貯金]

子供が親の預貯金を使って、親の介護をしたり、老人ホームの資金に充てるなどのケースは十分あります。しっかり把握しましょう。

①父親のメインバンク
父親の年金が振り込まれている口座。お金の出し入れが多いのが特徴です。

②母親のメインバンク
母親の年金が振り込まれています。口座の出し入れが少なく、貯蓄用となっているケースも。

③共通口座
両親のどちらかの名前で口座を作り、定期的に入金するのが、共通口座。この口座から住居費や光熱費などを引き落とす「生活用」と「貯蓄用」があります。

↓

口座は子供が下ろせる状態にする

これらの在り処や番号を知っておく

- 銀行通帳
- 届出印
- キャッシュカード
- 暗証番号

親の口座から、子供がお金を引き出せる状態にしておくことが大事です。暗証番号は必ず聞いておくこと。

[親の定期預金の解約手続きの進め方]

定期預金は、自動継続で契約しているケースも多くあります。満期までの期間も人によってまちまち。このフローチャートでチェックしましょう。

親は定期預金がある？
- no → もしかしたら、忘れているかもしれないので、引き出しなどに満期通知状などがないか確認します。
- 不明 → 引き出しや通帳などをチェックし、定期預金があるか確認します。
- yes ↓

自動継続で契約している？
- no（自動解約）→ **満期までの期間は長い？**
  - 3年未満 → 満期までの期間が短ければ、そのままでもOKです。満期になれば、自動的に、普通預金に組み入れられます。
  - 3年以上 → 親の健康状態を見て、あまりに満期までの期間が長ければ、満期前解約をします。
- yes ↓

満期までの期間は長い？
- 3年未満 → 親が元気であっても、自動継続はやめて、自動解約にすべきです。満期前解約でも良いでしょう。
- 3年以上 → 自動継続をやめて、自動解約にするか、あるいは満期前解約をします。

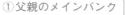

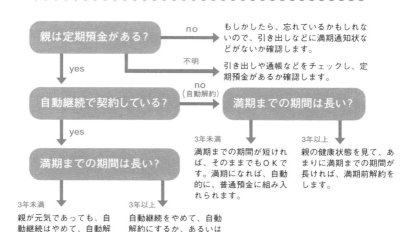

1 - 11

認知症を視野に入れて、対策を講じておく

1章では、親の家の維持・売却にあたっては、親が認知症になっても、滞りなく進められるように、「家の名義人の変更」や「遺言書の作成」などを視野に入れるべきだとお伝えしました。さらに、預貯金は親の了承を得たうえで、銀行カードの暗証番号を聞いておくべきなどについても触れました。

しかし、これだけではまだ不十分です。万一、親が認知症になったとしても、親の家の維持・売却や親の介護がスムーズにいくように、今のうちに手を打つべきことを、私の経験をもとに紹介していきます。

ハードルの高い金融・公的機関

まず大前提として、**親（契約者）の代わりに、子供が金融・公的機関などで手続きをする場合は「本人が書いた委任状」が求められます。電話での確認があることも。** 認知症が進めば、これらへの対応は難しくなり、お手上げ状態になるのです。

私の父が認知症になって数年後に、母が亡くなり、その際、相談関係の委任状を書いてもらおうとしましたが、一切書くことはできませんでした。

[貸金庫の代理人手続きの方法]

貸金庫には、重要な書類を預けているため、家での保管が不安ならば、解約ではなく、代理人登録の手続きをするようにします。

貸金庫に預けているもの

右に挙げたのは、みずほ銀行が一例として挙げる「貸金庫に預けられるもの」です。私の親は、不動産の登記簿謄本を保管していました。

- 契約書、権利書、遺言書、その他の重要書類
- 貴金属、宝石などの貴重品
- 手形、小切手、公社債権、その他の有価証券
- 預金通帳、証書、印鑑類

手続きの流れ ▶▶▶

step1 各種書類を用意

契約者本人、代理人それぞれが届出印、身分証明書を用意する。

step2 金融機関に出向く

代理人だけでなく、契約者本人の動向も必要。貸金庫の専用鍵と入室用のカードも持参する。

step3 金融機関より連絡が入る

2週間ほどで「入室用のカードキー」が出来あがる。金融機関に契約者本人が受け取りに行く。

[生命保険の受取人変更の手続き方法]

受取人の変更手続きは、子供が行うことはできません。契約者が元気なうちに、行うようにしましょう。

step1 保険の証券番号を確認

証券番号は「保険証券」や「生涯設計レポート」などで確認できます。

step2 契約者本人が保険会社に連絡する

契約者本人が保険会社のコンタクトセンターに電話連絡します。「契約者専用サイト」の手続きをしている場合、インターネット経由で手続きを行うこともできます。

step3 書類を提出する

郵送で「請求手続きのご案内」が届くので、書類に必要事項を記入し、提出。
これで手続きは完了です。

まず、**金融機関関連でいえば「貸金庫の解約」を、早い段階で行ってください。**

親世代は金融機関の貸金庫を契約している可能性もあります。中に大事なもの――例えば、家の契約書などが入っていれば、親が亡くなるまで、入手できなくなります。

貸金庫に何が入っているのかを聞き出し、貸金庫で保管する必要がないようであれば、親に解約をすすめてください。

私の親は「不動産の登記簿」だけが預けられていました。30年間の加入（年間2万円）で60万円です。相当なムダ遣いだったと悔やんだものです。

なお、貸金庫に預ける価値のあるものであれば、解約せずに、代理人登録をして、子供でも出し入れできるようにしましょう（41ページ参照）。

生命保険の受取人を子供に変える

生命保険の受取人が「配偶者」の場合、その人が認知症になれば、手続きが進まなくなる可能性があります。

私の大学の後輩は、死去した父親の終身保険で、認知症の母親の介護資金にしようとしましたが、一切応じてもらえませんでした。

しかも、**生命保険の請求は、基本的に「3年」という時効があります。**その後輩は、結局諦める選択をしました。

親は、生命保険の受取人を「夫→妻」「妻→夫」にしています。受取人の変更は、契約者であれば、簡単に行えます。**親に生命保険の盲点を伝え、理解を得られれば、受取人を「子供」に変更するこ**

[マイナンバーカードのメリット]

マイナンバーカードは、親の住む役所に行かずとも、各種公的書類が取得できるなどメリットは数多くあります。親が元気なうちに取得しておきましょう。

メリット1

健康保険証として利用できる

限度額適用認定証がなくても、高額療養費制度が適用されるなど利点が多い。

メリット2

身分証明書として利用できる

顔写真付き身分証明書として活用できる。運転免許証がない人には特にオススメ。

メリット3

各種証明書が取得可能

親にとって一番のオススメポイントは、コンビニで各種証明書が取得できる点。

→

取得できる証明書

住民票の写し
印鑑登録証明
各種税証明
戸籍
戸籍(本籍地)
戸籍の附票
戸籍の附票(本籍地)

とをオススメします。

親が自ら手続きをしないと登録できない公的サービスも、今のうちに行っておきましょう。私の妻の母は「印鑑登録」を行っていませんでした。**相続の場面では、実印での押印と印鑑登録証明書の提出は必須になります。今のうちに作っておきましょう。**

マイナンバーカードは必須アイテム

もう一つ、親の「マイナンバーカード」も作っておきます。このカードがあれば、コンビニエンスストアで「住民票の写し」や「戸籍証明書」を取ることができるからです。年老いてくれば、役所まで足を運ぶのがおっくうになります。今のうちに取得しておきましょう。

Column

成年後見制度は「最後の最後の手段」

親が認知症を患い、正常な判断ができなくなると、金融機関は一切の取引に応じなくなります。子供だけでは、定期預金の解約などはできないのです。**そんなとき有効になるのが「成年後見制度」です。**この制度を使って、成年後見人になると、「財産に関するすべての法律行為の代理権」などが与えられます。私はこの制度で、父の成年後見人になり、定期預金などの解約をしました。しかし、いまだに後悔しかありません。

年間24万円以上の費用がかかるケースも

まず費用です。この制度は子供が成年後見人になりたいと願っても、管轄する家庭裁判所が不適任と判断すれば、司法書士などの専門職が選ばれます。子供が選ばれても、監視役の成年後見監督人が付きます。**彼らへの費用は年24万円以上です。**相続税対策もできなくなります。そして、**一度この制度を使ったら、親が死亡するまでやめられない**のです。

金融・公的機関は気軽に「成年後見制度を使えば……」とすすめてきます。しかし、この制度は最後の最後の手段だと思ってください。1章で紹介した対策や準備をして、それでも前に進まないとき、この制度を使うようにしましょう。

2章

親が住まなくなった「家」を維持する

ぽっん…
小さい頃
家族で過ごした家
アハハハハ
父が施設に入った2014年春
父の他界後　売却は2022年6月
14年春
22年6月
約8年間
私は実家を
維持しました
なぜか？
一番の理由は
1日でも数時間でも
父が実家に帰れる環境を
維持するためでした
それは
結局は叶わなかったですが
良かったと思っています

実家の維持
今振り返ると
大変でした!!
よろっ
梅雨時期の雑草刈り
わさ
わさ
冬に水道管が破裂
プシュー
ブオーン!
あわわ
実家へ向かう
おせ話になります
空き家の維持は
お隣さんの理解で
成り立つ側面も
郵便受けきれいにしといたわよ
ありがとうございます
空き家の維持の仕方を紹介します!
そして
空き家の維持には
お金もかかります

2-1

空き家を維持するためにかかる費用を把握する

空き家を維持していくためには、それ相応の費用がかかります。まず、**税金面で発生するのは、毎年1月1日時点で所有している不動産にかかる「固定資産税」と「都市計画税」**です。評価額に税率を掛けて、計算します。固定資産税は1・4％、都市計画税は0・3％（市区町村により、この税率より低いことも）が基本です。

家屋が建っている土地は、200㎡までの小規模住宅用地であれば、「住宅用地の特例」が受けられ、固定資産税が6分の1、都市計画税が3分の1に減額されます。200㎡以上は、固定資産税が3分の1、都市計画税が3分の2の減額になります。

更地にした状態だと特例は受けられない

私の実家は、土地面積が約80㎡で、土地の評価額は636万円、家屋の評価額は66万円となり（2021年度）、年間3万2400円程度の税金がかかりました。ちなみに更地にした場合は、年間10万円弱になります。**空き家を解体してしまうと、「住宅用地の特例」が受けられなくなり、かえって税金が高くなってしまう**のです。

[空き家の維持にかかる年間の税金]

私の実家の評価額をもとに、固定資産税と都市計画税を計算してみました。ちなみに実家は「埼玉県所沢市松郷」です。家屋は 1974年に建てたので、評価額は相当低くなっています。

土地の固定資産税

固定資産税の税率は 1.4%。200㎡以下の土地で、固定資産税の特例措置 6 分の 1 。なお 200㎡を超えると、特例措置は 3 分の 1 になります。

計算式　（例）土地面積 80㎡。土地の評価額 636万円

土地の固定資産税評価額 × 特例措置 6 分の 1 × 1.4% = 固定資産税
636 万円 × 6 分の 1 × 1.4% = 1 万 4,840 円

土地の都市計画税

埼玉県所沢市の都市計画税の税率は 0.3%。200㎡以下の土地で、都市計画税の特例措置 3 分の 1 。200㎡を超えると、特例措置は 3 分の 2 になります。

計算式　（例）土地面積 80㎡。土地の評価額 636万円

土地の固定資産税評価額 × 特例措置 3分の 1 × 0.3% = 固定資産税
636万円 × 3分の 1 × 0.3% = 6,360円

建物の固定資産税

固定資産税の税率は 1.4%。建物の評価額は、年数とともに下がっていくので、親の実家の場合は、安くなる傾向にあります。

計算式　（例）建物の評価額 66万円

建物の固定資産税評価額 × 1.4% = 固定資産税
66万円 × 1.4% = 9,240円

建物の都市計画税

埼玉県所沢市の都市計画税の税率は 0.3%。築年数の長い親の実家の場合、数千円レベルで収まることも多くあります。

計算式　（例）建物の評価額 66万円

土地の固定資産税評価額 × 0.3% = 固定資産税
66 万円 × 0.3% = 1,980 円

前述したとおり、都市計画税は、自治体によって税率が低くなっていたり、課税されない地域もあります。例えば、千葉県浦安市は課税していません（2022年度）。

ゴミ屋敷は税金面で不利になる

ところで昨今は、崩壊寸前の空き家が多く放置されており、それが大きな社会問題になっています。そこで国は2015年に「空家等対策の推進に関する特別措置法」を施行しました。

家屋が倒壊する恐れがあったり、ゴミ屋敷である場合、「特定空家等」にあたるとされ、前述した「住宅用地の特例」が受けられなくなるのです。

なお「特定空家等」に該当すると、自治体から勧告がありますが、これを無視し続けると、所有者は50万円以下の過料が科せられ、行政が強制的に解体してしまいます。もちろん、解体費用は所有者に請求されます。同法の施行後、これまで14万件の管理不全の空き家が改善されているそうです。

庭の剪定《せんてい》、水道光熱費、火災保険などもかかる

税金面だけではありません。まず、**水道光熱費も発生します。**私の実家は、ガスは解約し、電気と水道は維持し、年間計1万6000円程度でした。固定電話も念のため維持したので、年間3万円程度かかりました。

庭の剪定費用もかかります。私はシルバー人材センターを活用し、1回1万5000円程度。年2回の依頼で3万円です。

［親の実家を維持するためにかかる年間費用］

私が実家を維持したときにかかった年間費用を公開します。参考にしてください。

ライフライン	電気	電気は契約し続けました。 掃除などのときに使用するからです。	約4,500円
	ガス	ガスについては、使う機会がないと判断し、契約を解除しました。	0円
	水道	実家ではトイレを使用することもあるので、契約し続けました。	約1万200円
	電話	結果的に不要だったのが、電話です。 解約してもOKかもしれません。	約3万4,000円
保険	火災保険	火災保険の加入は必須です。 シンプルなものに変更しました。	約2万5,000円
	その他	私の親の家は自動車はありませんでしたが、ある場合は諸経費がかかります。	0円
庭	剪定	自分でも雑草刈りはしつつ、年2回、シルバー人材センターを活用しました。	約3万円
移動費	高速代	子供の家と実家の距離が離れていると、移動費が相当かかってきます。	約5,000円

思いのほか、かかるのが火災保険です。盗難や水災などは付けずに、シンプルな保険内容にして、年間2万5000円程度でした。

そして忘れてはならないのが、子供自身の移動費です。実家は所沢のため、私の住んでいる鎌倉からの距離はたかが知れていますが、東京在住の友人の実家は大分で、安い航空券を使っても、往復3万円以上かかるといいます。

私の場合、空き家の維持費用は、年間10万円強になります。これが都心に家があれば、土地の評価額は数倍になるため、数十万円は覚悟しないといけないでしょう。

このように「**家の維持**」には、**お金がかかることをしっかり認識し、できる限りのスリム化を図るように心掛けましょう。**

2-2

家の売却を念頭に本格的な片づけを行う

親が死亡したら、家を空っぽにする

両親が死亡するなど、「家に帰る可能性はない」状態になったら、残された家族が「いつまで維持するのか」を話し合い、**売却の方向性が見えた段階で、一気に家を空っぽにします。家の売却時、空っぽにすることが条件になるケースがほとんど**のため、早めに行動を起こしておくのです。

この時点では、テレビや洗濯機、冷蔵庫などは、残っているケースが多いかと思います。これらは家電リサイクル法の対象品目に該当するため、指

親が元気なうちの片づけ方は、30ページで触れましたが、空き家になったら、片づけも次の段階に進みます。**空き家になったときの親の状況――「家に帰る可能性あり」「家に帰る可能性なし」によって、片づけの程度は変わってきます。**

私は、母の死後、父の認知症の症状が進むまでは、生活できるレベルに保つように努力しました。「今後、使うことはない」と断言できるものは、すべて破棄しつつ、**父が「家で過ごしたい」といえば、いつでも帰れるようにしたのです。**押し入れやクローゼットはほぼ空っぽになりました。

［空き家になったときの片づけの段取り］

親の住まなくなった空き家は、親が家に帰る可能性により片づけの仕方が変わります。

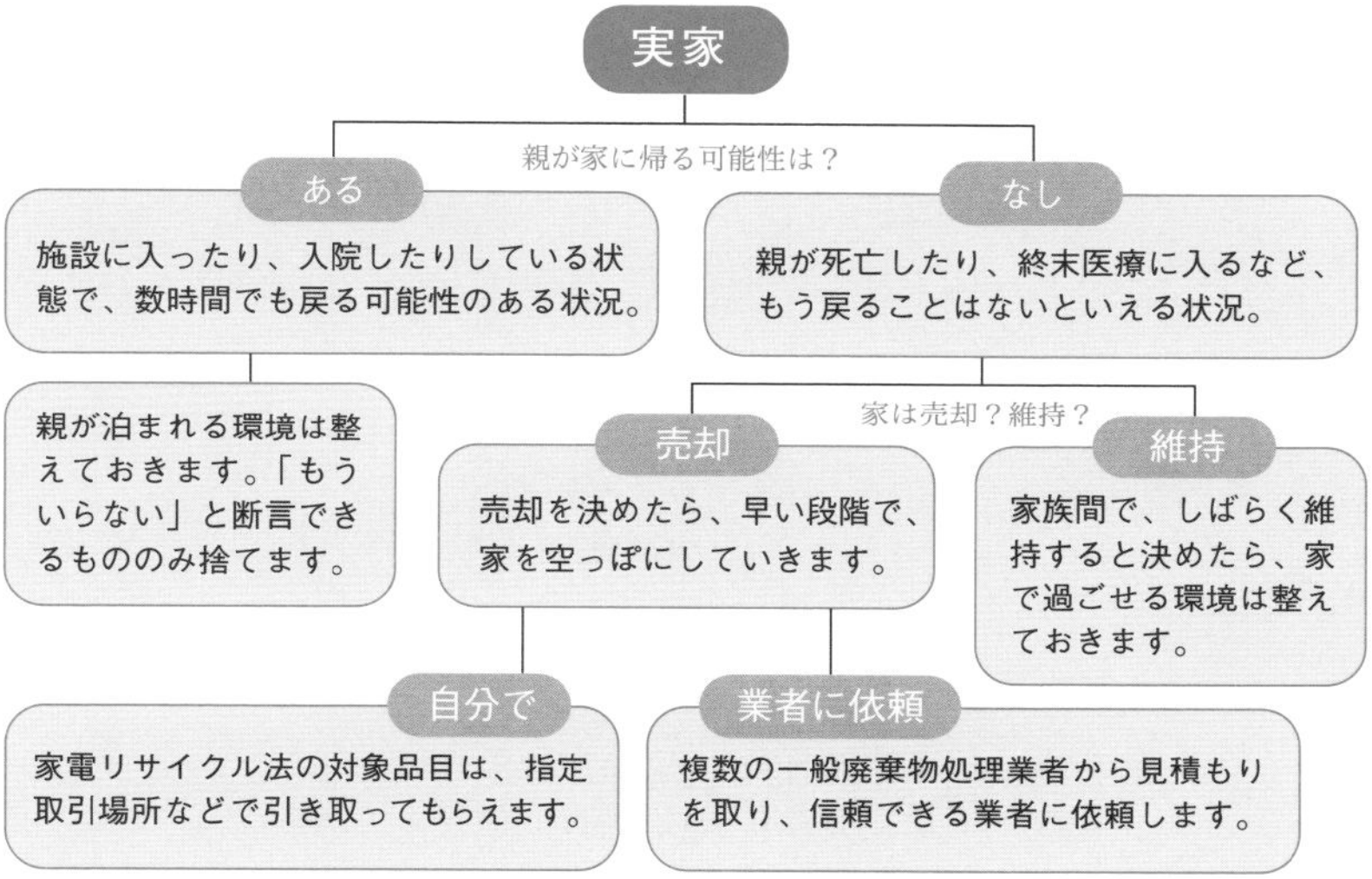
実家
親が家に帰る可能性は？
ある
施設に入ったり、入院したりしている状態で、数時間でも戻る可能性のある状況。
なし
親が死亡したり、終末医療に入るなど、もう戻ることはないといえる状況。
親が泊まれる環境は整えておきます。「もういらない」と断言できるもののみ捨てます。
家は売却？維持？
売却
売却を決めたら、早い段階で、家を空っぽにしていきます。
維持
家族間で、しばらく維持すると決めたら、家で過ごせる環境は整えておきます。
自分で
家電リサイクル法の対象品目は、指定取引場所などで引き取ってもらえます。
業者に依頼
複数の一般廃棄物処理業者から見積もりを取り、信頼できる業者に依頼します。

定取引場所などで引き取ってもらうのが基本ですが、手間ひまがかかります。クローゼットやベッドなど、大きな粗大ゴミと一緒に捨てるべきです。

一般廃棄物処理業者の値段はピンキリ

オススメは一般廃棄物処理業者です。その際は「一般廃棄物処理業の許可」を取得している業者を選んでください。自治体のサイトで、許可業者の一覧が公開されているので、複数のところに見積もりをとっていきます。私の友人は、初めの業者で50万円と言われましたが、根気よく探したところ、最終的に35万円の業者を見つけています。

家が売れた時点で、業者を探すと、慌てることになります。早い段階で行動を起こすことで、安い業者を見つけやすくなります。

2-3

親が契約していた家まわりの定期購入を止める

妻の父が他界し、その2か月後、1人になった義母の家を訪ねると、義父が定期購入していたモノ――サプリメントや薬用入浴材などが届き、未開封のまま置かれていました。私の両親も、新聞やヤクルトなどを定期購入していたものでした。

親が家に住まなくなったら、こうした**定期購入しているモノやサービスは、基本的に全部解約し**ましょう。

営業の電話やDMで、定期購入を「便利です」とすすめてくる業者は後を絶ちません。一度契約を結べば、人は解約するのが面倒になり、契約し続けるからです。親世代は、格好の餌食なのです。

親に必要かどうか聞き、不要なら解約

それだけに、今現在、親が元気であれば「必要かどうか」を聞いてみるのも、良いと思います。そして「不要」ということであれば、解約をすすめましょう。ちなみに、冒頭の薬用入浴剤は、義父が腰痛持ちの義母のために購入していたことがわかり、義母が施設に入るまで継続しました。

見落としがちなのが、目に見えにくいサービスです。私の両親は、2種類の衛星放送に加入して

[家まわりで定期購入しているもの]

家まわりでは、いろいろなものを定期的に契約しているものです。チリも積もれば山となります。空き家になった段階で、解約していきましょう。

モノ

新聞、雑誌、サプリメント、etc.

定期的に送られてくるモノをチェックします。

サービス

WOWOW 、スカパー！などの衛星放送 、etc.

親の通帳、クレジットカードの明細をチェックします。

ネットやスマホ関連

プロバイダ、ウイルスソフト、有料アプリ 、etc.

親がネットやスマホを使っていたら、要チェックです。

財布まわり

クレジットカード、各種会員 、etc.

親の財布をチェックし、カードや会員証などを探します。

いましたが、解約したのは父が施設に入って1年後でした。

インターネットやスマホは定期契約が多い

最近は、親世代もインターネットやスマートフォンを使っています。これらは定期で契約しているサービスがほとんどです。ネットでいえば、プロバイダやウイルスソフト、スマートフォンでいえば、有料アプリなどです。知人の父親は「ヤフープレミアム会員」（月額約500円）の会員を8年続けていました。必要かどうか聞くと、加入していることさえ知らなかったといいます。

これらは**親の金融機関の通帳やクレジットカードの明細を見ればわかります。**チェックしてみましょう。

2-4

ご近所さんとの関係維持は、最大限力を注ぐ

私の**親の家が空き家になり、それでもなんとか維持できたのは、ご近所さんのフォローがあったから**です。28ページで触れたとおり、郵便受けの確認、ゴミ捨ての代行など、本当に助けてもらいました。

一度、水道管が破裂したことがあったのですが、そのときも、お隣さんが水道の元栓を締めてくれて、一大事にならずに済みました。

このように良くしてくれたのは、親が普段からご近所さんと仲良くしていたからです。

しかしながら、いつまでも甘えているだけではいけません。**幼少期は可愛がってもらっていたものの、大人になるにつれてご近所さんとの付き合いは皆無というケースも多い**と思います。

家の維持中は、ご近所さんへの挨拶は必須

それだけにまずは、**親が元気なうちに、あるいは空き家になった段階で、挨拶する**ように心掛けてください。私は父が施設に入った段階で「親父が帰る可能性があるので、私たち子供が維持します。ご迷惑をおかけしてすみません」と、お土産を持って近隣をまわりました。

[ご近所さんとの付き合いは大事にする]

空き家を維持するうえで、何かとフォローしてくれるのがご近所さんです。良い関係を築きましょう。

幼少期から知っているご近所さん

一番の味方になってくれるのが、あなたが幼少期から可愛がってもらってきたご近所さんです。挨拶と手土産は必須です。

付き合いのないご近所さん

つい敬遠しがちですが、空き家を維持するうえでは、彼らの不安や不満を払しょくする必要があります。

近所の中心的な人物

彼らは、広い人脈を持っているため、親が入院したときなど、周囲に告知してくれます。一度くらいは挨拶しましょう。

子供の幼なじみ

あなたの幼なじみで、地元に住み続けている人はいるはずです。私はＳＮＳでつながり、何かと助けてもらいました。

こうした心掛けが、ご近所さんのフォローを得られることにつながると断言できます。

付き合いのない近隣こそ、挨拶が大切

もう一つ重要なことは、子供が実家を離れたあとに引っ越してきた、**付き合いのないお隣さんにも挨拶をする**ということです。

相手の立場に立って考えてみてください。隣や裏に空き家があるのです。火事など不安は尽きないはずです。手土産を持って「しっかり維持していきますので」と頭を下げて、少しでも不安を和らげるように努力しましょう。

また、**地元に住み続けるあなたの幼なじみも、いろいろと助けてくれます。**ＳＮＳなどでつながっておくことをオススメします。

2-5

空き家は維持管理を欠かさない（屋内編）

空き家になった親の家の屋内は、どんよりとした空気が漂っているものです。これは**湿気が充満しているから**です。

親が住んでいるときは、空気の入れ替えは自然に行っています。しかし、空き家になれば、空気は滞留し、湿気がこもってしまいます。

湿気が充満すると、カビの発生原因となり、家の老朽化を進めることになります。それだけに、帰省時の空気の入れ替えは必須です。**玄関とあらゆる窓を開け、換気扇をまわして、1時間程度そのままにして、家全体の空気を新鮮なものに入れ替えましょう。**

押し入れなどの換気も忘れないこと

その際は、**押し入れや納戸などの収納スペースの換気も忘れない**こと。私は、収納スペースには除湿剤を入れておきました。また31ページで触れましたが、押し入れを空っぽにすることも湿気対策になります。

カビは、ホコリやチリなどを栄養にして育っていきます。**帰省時は、掃除をしっかり行う**ことも大切です。

［屋内の維持管理でやるべきこと］

帰省時、家を健全に保つために、屋内でしておくべきことを見ていきます。

空気の入れ替え	閉め切った屋内には湿気たっぷりの空気がこもり、カビなどの原因に。すべての窓や玄関を開けて、空気を入れ替えます。
通水	排水溝のニオイは、下水につながる管にある排水トラップに水がないから。台所、洗面所などの水を１分ほど流し続けます。
室内の掃除	ホコリやチリは、カビの発育のための栄養素になります。掃除機などをかけて、きれいに保つようにします。
シミのチェック	天井や壁、床などにシミがないかをチェック。あれば雨漏りなどの可能性があります。専門家に相談しましょう。

排水溝からのニオイ対策も行う

空き家になると、排水口や水まわりからのニオイが気になるケースもあります。

台所や洗面所といった下水につながる管は、基本的にS字に曲がっています。これを「排水トラップ」といいます。曲がった部分に水が貯まって、下水道のニオイが上がってこないようにしているのです。

しかし、長期間放置していると、この水が蒸発し、ニオイが上がってきます。そのため、**帰省時には、１分ほど水を出しっぱなしにします。**

部屋のシミもチェックします。天井や壁にシミがあれば、水漏れの可能性があるからです。見つけたら専門業者に原因を調べてもらいましょう。

2-6

空き家は維持管理を欠かさない（屋外編）

一軒家の空き家の維持管理を行ううえで、**多くの人が苦痛に感じるのが「雑草の手入れ」**です。私自身、空き家の維持につとめるなかで、雑草の除去は、本当に苦労しましたし、面倒でした。

雑草はどんどん伸びます。特に梅雨の時期から夏にかけては、あっという間です。

雑草が伸びることで、どんなデメリットがあるのでしょうか。一つめは、「近所迷惑」です。**近所の家が雑草だらけで、気持ちのいい思いをする人は皆無**です。蚊などの虫も発生するのですから。

二つめのデメリットは、**家の劣化が進んでしまうという点**です。雑草が換気口を覆ってしまうことで、床下の空気が停滞し、湿気が溜まって、シロアリ発生の危険性が高まるのです。また、**空き家であることを悟られる点もデメリットです。**

庭木の道路などへのはみ出しに注意

庭木を植えている場合、**枝が隣の家や道路にはみ出していないかも要チェック**です。私の実家には、ザクロの木があり、お隣さんから「道路に出ちゃっているわよ」と、やんわり注意されました。

私は、雑草の除去は5月と8月に重点的に行っ

［屋外の維持管理ですべきこと］

屋外は、ご近所さんの目にも触れる場所です。雨風が直接あたる場所でもあります。しっかり維持していきましょう。

雑草の除去	雑草は凄まじい勢いで成長していきます。梅雨から夏にかけては、特にしっかりと雑草を除去する必要があります。
庭木の管理	庭木については枝に注意。隣の家の敷地内や道路にはみ出していないかチェックし、必要に応じて切り落とします。
水抜き栓を閉める	冬場は留守中は水抜き栓を閉めて、凍結を防ぐようにします。場所がわからなければ、今のうちに確認しておきましょう。
建物のチェック	屋根や雨どい、外壁、物置など、屋外から見える場所は、できる範囲で、ひび割れなどが入ってないかチェックします。

ていました。そして帰省すれば、軽く雑草をむしっていました。庭木はシルバー人材センターを利用して、根元から切り落としました。

冬場は水道の水抜きもしておく

屋外については、水道管の凍結による破裂の予防も行いましょう。私は一度、破裂させてしまったのですが、**その原因は、冬の時期に水抜きを怠ったから**でした。

水道管が建物内に入る前に「水抜き栓」が取り付けられており、閉めることで、水の流れを止めることができます。閉めたら、家の中の蛇口を全開にして、水を出し切ります。

ほかにも、可能な範囲で、屋根や雨どい、外壁のひび割れやシミなどの確認もしましょう。

2 - 7

セキュリティ対策をして、空き巣被害を避ける

私が**空き家を維持管理しているとき、空き巣被害も心配事の一つ**でした。彼らの餌食にならないためにも、さらにご近所さんの治安維持のためにも、セキュリティ対策は必須といえます。

まず私が実践したのは「ポストの郵便物の管理」でした。郵便物があふれていれば「この家は無人です」と言っているようなものだからです。

重要な郵便物は、郵便局の転送サービスを使って、私の住まいに転送するとともに、お隣さんに月に数度、ポストの中身をピックアップするように頼んでいました。もちろん帰省時には、挨拶や手土産は欠かしませんでした。

定期的に送られてくるダイレクトメールは、送付会社に不要の旨を伝えたり、ポストに「チラシは入れないで」という添え書きをすると、郵便物の絶対量は減ります。

窓と玄関は万全の対策をする

警視庁の調査によると、**空き巣の侵入経路として多いのは、窓と玄関**となっています。当然のことですが、家の戸締まりはしっかりすることです。

窓の錠が、取っ手を回転させて窓の動きを固定

［屋外の維持管理ですべきこと］

屋外は、ご近所さんの目にも触れる場所です。雨風が直接あたる場所でもあります。しっかり維持していきましょう。

窓

- 鍵付きタイプに変更
- 警備会社のステッカーを貼る
- 雨戸を閉める　etc.

玄関

- 複数の錠を取り付ける
- 警備会社のステッカーを貼る
- 防犯グッズの「サムターン回し防止カバー」の取り付け　etc.

庭

- きれいに保つ
- 防犯砂利を敷く
- 防犯カメラの設置　etc.

ポスト

- 転送サービスの活用
- お隣さんの協力を得る
- DMなどの投げ込みストップ　etc.

させるタイプ（クレセント錠）の場合、空き巣にとっては、容易に開けることができてしまいます。できれば鍵付きタイプに変更することをオススメします。玄関のドアには、複数の錠を付けるのも、良いアイデアです。

あの手この手で空き巣対策を！

私の知人は、空き家に防犯カメラを設置しています。ネット接続は必要になりますが、いつでもスマホから監視映像を見られるのは、とても便利とのことでした。防犯カメラが設置されていることで空き巣に対する抑止効果も期待できます。

そのほか、警備会社のステッカーを貼ったり、防犯砂利を敷くなど、さまざまな方法で、セキュリティ対策を講じていきましょう。

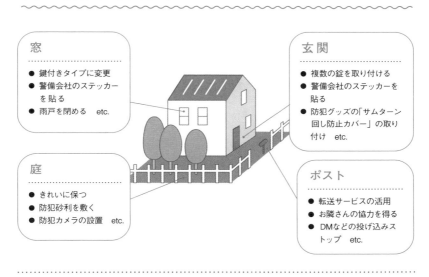

2-8

実家が遠方にある場合の維持管理の仕方

私の家は、実家のある所沢へはクルマで2時間ほどの場所にあります。空き家の維持のため、月に1~2度行っていましたが、このくらいの距離でも、時間の都合をつけるのは大変でした。

では、実家がかなり遠方にある場合は、どうすればいいのでしょうか。

まず大前提となるのは、**空き家の維持を決めたのであれば、最低でも年に数回は、現地に足を運ぶ覚悟をもつということです**。ほったらかしの状態であれば、ご近所さんは不信感を抱くからです。

とはいえ、どうしても行けないこともあるはずです。実家が北海道の友人は、出張が重なり、冬場に帰省できなかったことがあるといいます。すると、お隣さんから「雪下ろしをしてほしい」と苦情が入ったそうです。

空き家管理サービスを活用する

空き家が遠方にある場合、こうした事態は起こり得ることです。そこで**活用を視野に入れたいのが、空き家管理サービス**です。契約した空き家を定期的に訪問し、家まわりのさまざまなチェックを行ってくれます。

[空き家管理サービスの内容]

遠方に空き家がある場合、その維持管理を外部にまかせるのも、1つの方法になります。そのサービス内容の一部を紹介します。

項目	内容
通気・換気	窓やドアなどを全部開けて風を通す
雨漏り点検	雨漏りによるシミがないかチェックする
通水	すべての蛇口を開けて通水する
庭木確認	剪定の必要性をチェックする
ポスト掃除	ポストのチラシなどを破棄する
庭のゴミ処理	庭にあるゴミを処分する
室内・建物点検	異常がないかを目視で点検する
看板の設置	管理会社名を明記した看板を設置する

例えば、「NPO法人 空家・空地管理センター」の「しっかり管理」サービスを契約すると、月1回4000円で、管理会社を明記した看板を設置、庭のゴミ処理、ポスト掃除、通水などを行ってくれます。地方の不動産会社でも、同様のサービスを行っているケースもあります。

近隣に住む親類に頼る際は、報酬を払う

また、**雑草や庭木の手入れであれば、シルバー人材センターに定期的に依頼しておく**のも良いでしょう。

もう一つ、近隣に住む親類に維持管理を依頼する方法もあります。これについては、甘えは禁物です。訪問してもらう回数や報酬を取り決めて、いざこざが起こらないように配慮してください。

Column

一定期間、空き家に子供が住むことのメリットは多い

親の家を維持するうえでは、一定の期間、子供が住むというのも選択肢になります。私の知人は、5年間ほど家を維持していましたが、その間は、姉夫婦が暮らしていました。家を買う**資金を貯めるため**だったそうです。それまでは月10万円の家賃だったため、5年間で600万円浮く計算になります。じつは、この選択、私も少し考えました。しかし、どうしても今住んでいる場所が好きで離れたくないため、断念しました。

家がきれいに保てるメリットも

一定期間、子供が住むというのは、お金を浮かせるメリットのほか、**家をきれいに保つという点でも有効**です。家は無人になれば、いくら維持管理につとめても、傷みのスピードは加速していきます。一方、毎日住んでいれば、空気の入れ替えは24時間行われるのですから。

もし親が老人ホームなどに入っていても、子供が住んでいれば、いつでも短期滞在ができるようになるのです。子供のほか、親戚や友人などに一定期間、親の家を貸すという選択肢もあります。この場合は、ご近所さんに一報を入れましょう。

一定期間、子供が親の家に住むというのは、メリットの多い選択であるといえるのです。

3章

親の家を含め、
相続税対策＆申告をする

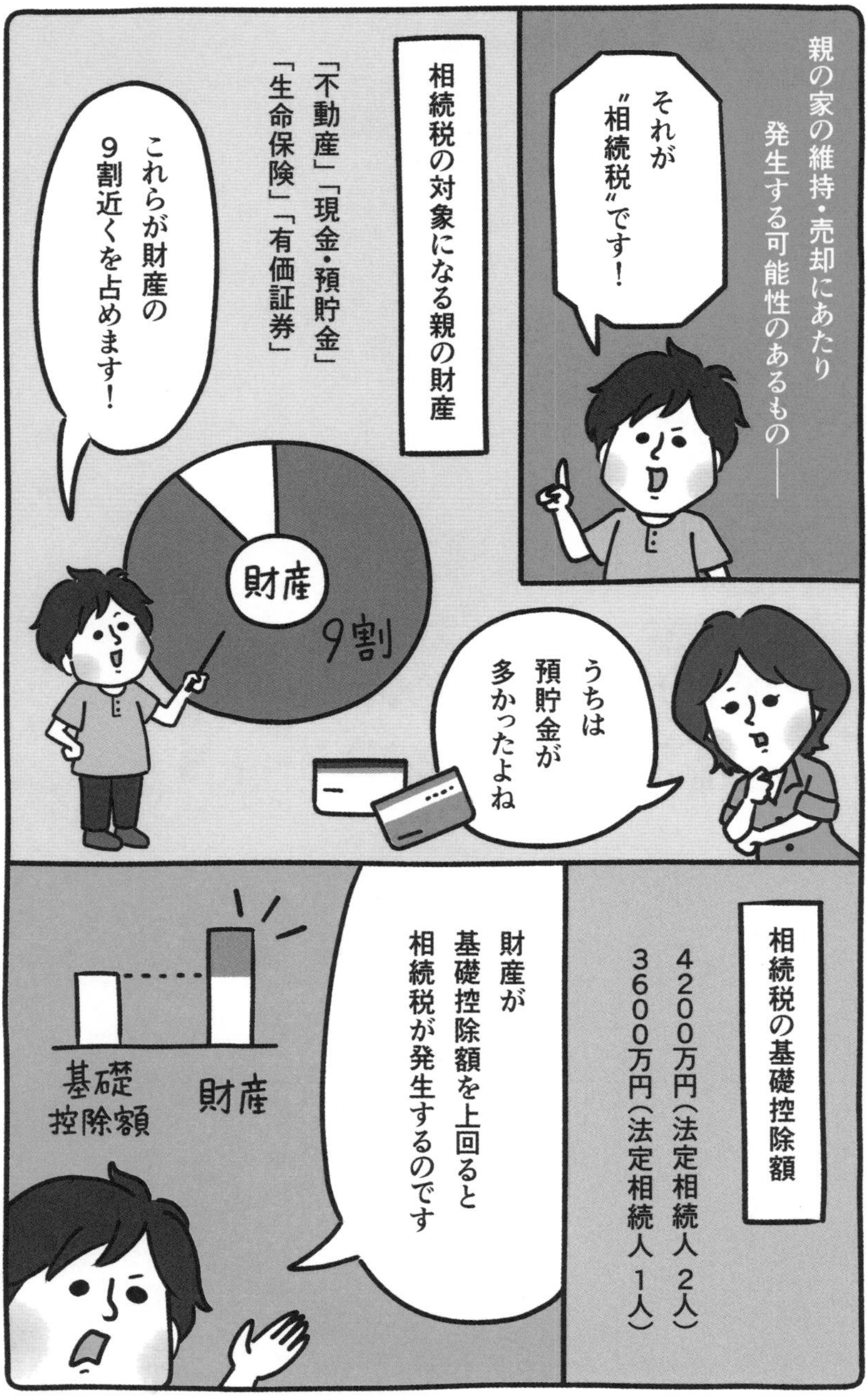

親の家の維持・売却にあたり
発生する可能性のあるもの——
それが
“相続税”です！
相続税の対象になる親の財産
「不動産」「現金・預貯金」
「生命保険」「有価証券」
これらが財産の
9割近くを占めます！
財産
9割
うちは
預貯金が
多かったよね
相続税の基礎控除額
4200万円（法定相続人 2人）
3600万円（法定相続人 1人）
財産が
基礎控除額を上回ると
相続税が発生するのです
基礎控除額
財産

ある試算によると東京都では2人に1人が相続税の対象になるという話も……
うちは　少しだけど発生しちゃったよね
だったら親が元気なうちに一気に贈与しちゃえばいいじゃん…
ダメ！
それだと税率の高い贈与税が発生します
1000万円の贈与で税額231万円！
でも、大丈夫！
早いうちから相続税対策をしたり特例を活用すれば相続税はゼロに近づけられます
相続税が発生する場合の申告方法も含めこの章で紹介します

3-1

相続税は、多くの人が支払う税金になった

相続税とは、親が亡くなったあと、その親の財産を引き継ぐ際に、発生する可能性のある税金のこと。親の家の名義を子供に変えて、子供が家を売る——この一連の動きも、親の財産を引き継ぐことにほかなりません。

相続税の対象になるのは、不動産のほか、金銭に換算されるものすべてです。基本的には**「不動産（土地・建物）」「現金・預貯金」「生命保険」「有価証券」の四つの要素が財産の9割近く**を占めます。

なお、これらの財産は、ただ金額ベースで計算するのではなく、財産を「相続税評価額」に計算し直します（74ページ参照）。

相続税には基礎控除額がある

ところで、**相続税には基礎控除額があり、この額を下回れば、相続税は発生しません。**冒頭で「可能性のある」と書いたのは、このためです。

この基礎控除額は、これまで何度も改正されています。1994年には、法定相続人が2人の場合で、基礎控除額は7000万円となり、その状態がずっと続いていました。それが**2015年に、**

[相続税が「みんなの税金」になった]

以前は、相続税の基礎控除額が高かったのですが、現在は大幅に引き下げられています。それにより相続税の対象となる人が増えています。

（例）法定相続人が子供２人のケース

2014年まで

財産 6,000万円　子供2人 → 税金はゼロ

法定相続人が２人の場合で基礎控除額は7,000万円だったため、相続税は発生しない。

現在

財産 6,000万円　子供2人 → 計 180万円

法定相続人が２人の場合で基礎控除額は4,200万円のため、相続税は発生する。

基礎控除額が大幅に引き下げられ、法定相続人が2人の場合、4200万円となりました。東京都では、6人に1人が相続税の課税対象になっているそうです。

相続税がかからないように対策をする

例えば、親の財産の評価額が6000万円で、法定相続人が子供2人の場合、相続税額は180万円になります。ちなみに改正前であれば、相続税はゼロでした。

このように相続税の額は、かなり高いといえます。しかし、相続税が発生しそうでも、諦める必要はありません。**親が元気なうちから対策をしたり、相続税が安くなる特例などを使って、相続税を支払わないで済むようにしましょう。**

3-2

親の全財産の額をおおまかにチェックする

相続税対策を行ううえでは、まずは親の財産の棚卸しをすることが大切になります。その結果、相続税がかからないと判明すれば、相続税対策は不要になります。

一方、**相続税が発生しそうであれば、今すぐ対策を講じましょう。**なお、相続税は父親と母親の財産は合算されず、それぞれが相続税の対象になるので、別々に算出します。

まずは、相続税の基礎控除額の算出方法から見ていきます。前項で触れたように、法定相続人が2人の場合、4200万円ですが、**その計算式は「3000万円＋600万円×法定相続人の数」です。**法定相続人が1人の場合で3600万円、3人の場合で4800万円になります。

法定相続人は配偶者や子供がなる

ここでいう法定相続人というのは、亡くなった人（親）の財産を相続する権利のある人のことです（左ページ参照）。基本的には、配偶者や子供がなります。

それでは、相続税の対象となる財産をリストアップしていきます。**相続税の対象となるのは、基**

[法定相続人のルール]

親が亡くなったら、誰が、その財産を継ぐのでしょうか。法律では以下のようなルールを設けています。

配偶者は、常に法定相続人

第一順位 子(→孫→……)

第二順位 子や孫がいない場合
父母(→祖父母→……)

第三順位 子や孫、父母、祖父母……がいない場合
兄弟姉妹(→甥・姪)

親が亡くなったら、その配偶者は常に法定相続人になります。配偶者以外の相続人には優先順位があり、順番が決まっています。先の順位の人が1人でもいれば、あとの順位の人は相続人になれません。

[相続税の対象となる財産]

金銭に換算されるものは、すべて相続税の対象になります。それぞれの財産は、相続税評価額に計算し直します。

現金・預貯金

現金や預貯金、定期預金など。合計金額がそのまま評価額になります。

土地

土地の評価額は、この時点では、簡易的な計算方法で計算します(75ページ参照)。

建物

建物の評価額は、固定資産税評価額がそのまま相続税評価額になります。

有価証券

株や投資信託、社債、国債など。被相続人が亡くなった日の終値などで評価額が決まります。

生命保険

生命保険金には、相続人1人あたり500万円の非課税枠があります。

その他

アクセサリー、ゴルフ会員権、自動車など。基本的に「売ったときの値段」が評価額になります。

本的に「現金・預貯金」「不動産（土地・建物）」「有価証券」「生命保険」が軸になります。そのほか、アクセサリー、ゴルフ会員権、自動車など、高額になりそうなものがあれば加味します。

財産を相続税評価額に計算し直す

なお、これらの財産は、相続税評価額に計算し直す必要があります。**現金と預貯金、有価証券は、被相続人の死亡時点での価額が評価額**になります。預貯金が５００万円であれば、評価額も５００万円というわけです。

生命保険は、被相続人が保険料を支払い、子供や配偶者が死亡保険金を受け取る場合、課税対象になりますが、相続人１人あたり５００万円の非課税枠が設けられています。例えば、５０００万円の保険の場合、相続人が３人いれば、１５００万円が非課税となり。３５００万円が評価額となります。

親の財産が相続税の対象になるのか——そのキーを握る存在が「不動産（土地・建物）」になります。特に土地は、都市部に住んでいる場合は、高額になります。

まず建物については、毎年春に市区町村から送られてくる「固定資産税納税通知書」の「課税明細書」に記されている家屋の固定資産税評価額が、そのまま相続税の評価額になります。古い家は、ほぼ資産価値はなく、築45年の私の実家の評価額（２０２０年）は、66万円でした。

一方、土地の評価額の出し方は複雑です。詳しくは90ページ以降で触れますが、正確な数字は、

［土地と建物の相続税評価額（概算）の計算式］

相続税がかかるかどうかのチェック段階では、土地の評価額は大まかにつかんでおけば良いでしょう。

土地

ざっくりと評価額を出す場合は、以下の計算式を利用すればOK。

固定資産税評価額÷0.7×0.8＝相続税の大まかな評価額

建物

固定資産税評価額がそのまま相続税評価額となる。

固定資産税評価額＝相続税の評価額

相続税の申告時につかめばＯＫで、親の財産が相続税の基礎控除額を上回るか否かをチェックする段階では、大まかな評価額を知っておけば十分です。

土地の相続税評価額は概算を出す

前述の課税明細書を使って、簡易的に計算する方法があります。ここに記されている**土地の固定資産税評価額から相続税評価額の概算を知ることができます。計算式は「固定資産税評価額÷０・７×０・８」です。**

アクセサリーや自動車などは「いくらで売れるか」が基本になります。自動車であれば、中古車販売サイトなどでチェックして、その相場をつかみましょう。

3-3

親の財産は、いくらの相続税がかかるのかチェックする

親の全財産の額を大まかにつかんだら、相続税が発生するのか、計算してみましょう。まずは、「課税対象額」を出していきます。

親の全財産（総評価額）からは、マイナスの財産（住宅ローンの残高などの債務）や葬式代などを差し引くことができます。

ちなみに私の父の葬式費用は、132万円ほどかかりました。とはいえ、現時点では、これらを加味する必要はありません。このくらいの費用が発生することを、頭の片隅に入れておけば良いでしょう。

課税対象額がマイナスかプラスか？

総評価額から相続税の基礎控除額を引くと、課税対象額が出ます。**基礎控除額の計算式は「3000万円＋600万円×法定相続人の数」**となります。

計算の結果、**マイナスであれば、相続税は発生しません。プラスになれば、相続税が発生する可能性があります。**相続税の計算式は左ページのとおりです。例えば、課税対象額400万円だとすると、40万円の相続税が発生することになります。

[相続税の計算方法]

親の全財産を把握したら、相続税が発生するのか、計算してみましょう。まずは課税対象額を出し、プラスの場合は、具体的にいくらになるか算出します。

step1 課税対象額を出す

□円 総評価額 ー（□円 債務、□円 葬式代、□円 国などへの寄付金）ー □円 基礎控除額 ＝ □円 課税対象額

定額控除3,000万円＋法定相続人控除600万円×法定相続人数＝基礎控除額	
法定相続人	基礎控除額
1人	3,600万円
2人	4,200万円
3人	4,800万円
4人	5,400万円

step2 相続税の額を出す

□円 課税対象額 × □% 税率 ー □円 控除額 ＝ □円 相続税額

基礎控除額を超えた金額	相続税率	控除額
1,000万円以下	10%	―
3,000万円以下	15%	50万円
5,000万円以下	20%	200万円
1億円以下	30%	700万円
2億円以下	40%	1,700万円
3億円以下	45%	2,700万円
6億円以下	50%	4,200万円
6億円超	55%	7,200万円

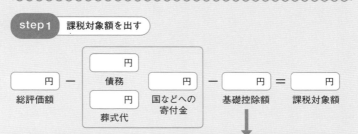

3 - 4

相続税が発生しそうならば、早めに暦年贈与する

2015年に相続税の税制改正が実施され、基礎控除額が大幅に引き下げられた際、そのニュースを見た私は、慌てて父の財産を計算しました。すると、相続税が発生することが判明しました。

改正前であれば、相続税は発生しなかったのです。この時点で、父は認知症だったため、もはや相続税対策はできない状態となりました。

みなさんの身にも、こうした事態は起こるかもしれません。それだけに、**親の全財産を把握し、相続税が発生しそうであれば、今すぐにでも相続税対策に乗り出す**べきです。

誰にでもできる相続税対策といえば、「暦年贈与」です。**暦年贈与とは、1年間に贈与を受けた金額が110万円以下であれば、贈与税の申告が不要になる制度**です。

贈与税の税率は非常に高い

「一気に贈与してしまえば？」と思うかもしれませんが、贈与税の税率は非常に高く、1000万円で177万円（父母から20歳以上の子への特例贈与）にもなります。

この**暦年贈与は、不動産でも可能ですが、司法**

[年間110万円までは非課税になる暦年贈与]

贈与できる人や贈与を受ける人の限定がない暦年贈与。うまく活用すれば、相続税対策として、とても有効です。

贈与できる人	制限なし
贈与を受ける人	相続人だけではなく、誰でもOK
控除額	受取人が年間110万円までは贈与税がかからない
税務署への申告	不要
注意点	相続開始前７年以内に相続人に贈与された財産は相続財産に加算される。亡くなる４～７年前の贈与は累計100万円まで非課税

[贈与税は税率が高い！]

400万円を一気に贈与すれば、約34万円の贈与税がかかります。しかし、４人に100万円ずつ贈与すれば、税金はかかりません。

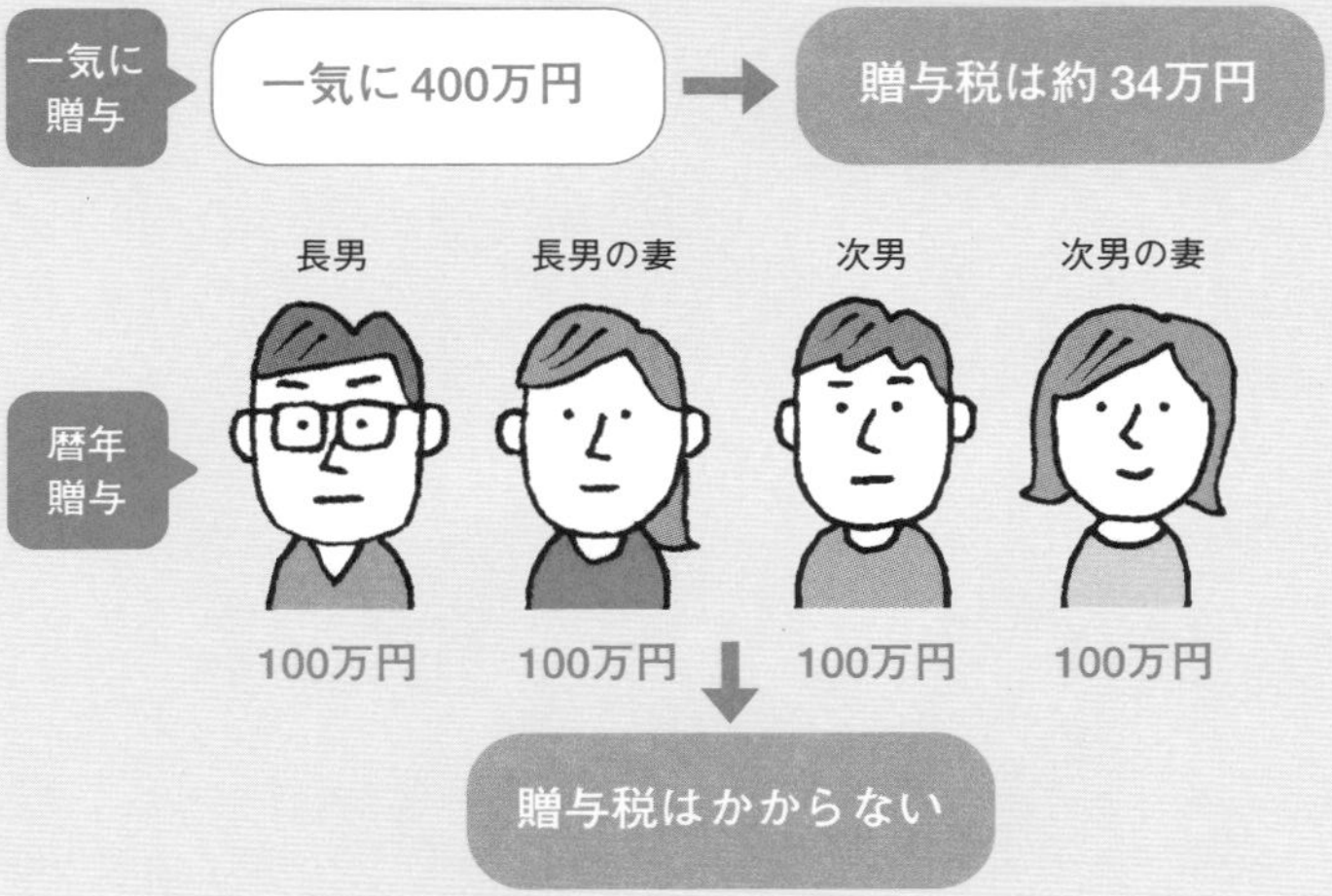

書士や税理士に依頼しないと難しく、現金と預貯金にしぼって行っていくのが現実的です。

暦年贈与は相続人以外でもＯＫ

暦年贈与の大きな利点は、相続人でなくても活用でき、しかも人数制限もない点です。例えば、子供2人と、それぞれの配偶者の計4人に贈与することも可能なのです。100万円ずつ贈与すると、1年で400万円程度の財産を目減りさせることができるのです。

ちなみに、400万円を一括で贈与すれば、約34万円（特別贈与）の贈与税がかかります。

なお、母親と父親から別々に贈与を受ける場合も、1人につき1年で合計110万円までが非課税になります。贈与を受ける側の合計が年間110万円までなのです。

なお、この暦年贈与は、以前であれば相続開始前3年以内に贈与された場合は、相続財産に加算されるというルールでした。しかしながら、税制改正により、2024年1月1日から「7年以内」へと変更になります。つまり、暦年贈与してから7年を超えて親が生きないと、贈与は「なかったこと」になるのです。それだけに、今すぐにでも始めることがポイントになります。

定期贈与とみなされない配慮をする

ところで、この暦年贈与について、税務署から「定期贈与とみなされるため、贈与税を払ってください」という指摘を受けることがあります。

じつは「500万円を5年にわたって100万

［暦年贈与する際の注意点］

税務署から「定期贈与」と勘ぐられないように注意しながら、暦年贈与を行うことが大切になります。

毎年違う金額を贈与する

1年目は 80万円、2年目は 92万円といった具合に1年ごとに贈与する金額を変えましょう。

毎年時期を変えて贈与する

時期をずらす際は、間違って1年未満に贈与しないように注意しましょう。

今すぐにでも始める

2024年1月1日から、相続開始前7年以内に相続人に贈与された財産は相続財産に加算されるようになります。それだけに、親が元気なうちに始めることが大切です。

円ずつ」といった具合に贈与していると、税務署から定期贈与とみなされる可能性があるのです。

そのためにも、**贈与を行うと決めたら、「毎年違う金額を贈与する」と「毎年違う時期に贈与する」ことをルール化**しましょう。

都心に住んでいれば、土地などが高く、相続税がかかる可能性もありますが、そうでなければ、**現金や預貯金の移動を進めておけば、相続税を発生させないで済むケースも多い**と思います。

私の場合は、暦年贈与はできなかったわけですが、数年間でも行っていれば、相続税は発生せずに済みました。それだけでなく、相続税の申告はけっこう手間ひまがかかります。私のようにならないためにも、早い段階で暦年贈与を行うことをオススメします。

3 - 5

相続税がかかりそうならば、「小規模宅地等の特例」が使えるかチェックする

親の財産を大まかにチェックし、**相続税が発生しそうであれば、「小規模宅地等の特例」が使えるのかどうかも確認**しましょう。

この特例は、亡くなった人が住んでいた宅地（330㎡まで）を相続したとき、相続税の計算時、**その宅地の課税価格を80％減額する制度**です。

親が亡くなり、子供が相続する際、この特例を使うには、ある条件があります。

親の家を相続する人は「**相続開始前の3年間、本人または配偶者が所有する不動産に住んでいなかった親族**」に限られるという条件です。**要するに「持ち家がない」ということです。**

「小規模宅地等の特例」の恩恵は大きい

私の父の死亡時、私は賃貸の家に住んでいました。そのため、この特例を使うことができました。我が家の相続税は約26万円だったのですが、もし、この特例を使わなかったら、約380万円もの相続税が発生していました。

当時、じつは私は、家を買おうと不動産を探していました。しかし、認知症の父の症状がかなり進行していたため、この特例のことを考慮し、購

[「小規模宅地等の特例」が使える条件]

「親の家の土地は、他の財産」よりも高くなる傾向にあります。その土地の評価額を80％減額できるのが、この特例です。

居住用の土地
330㎡まで
評価額
3,000万円の場合
特例適用後
80％減額
評価額
600万円に！

この特例を受ける条件

- 相続開始前の3年間、「持ち家」に住んだことのない親族
- 相続税の納付期限（相続税の発生から10か月後）までは、親の家を保有しておく
- 相続税申告を行う

入は先送りする選択をしました。

この特例は、子供だけでなく親族（配偶者・六親等内の血族・三親等内の婚族）も対象になります。つまり、親の家を孫が相続すれば、小規模宅地等の特例は使えるわけです。

相続税申告は必須になるので歴年贈与を優先

なお、この特例を使う場合は、**相続税の納付期限（相続税の発生から10か月後）までは、親の家を保有しておく**必要があります。

一つ覚えておいてほしいのは、この特例を使うには、**相続税申告をしないといけない**という点です。相続税申告は手間ひまがかかります。相続税がかかりそうであれば、まずは暦年贈与で、相続税対策をすることが大切だと思います。

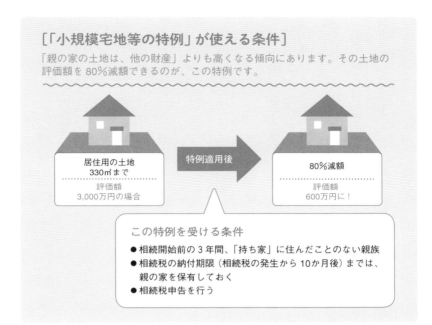

3-6

全財産を配偶者が相続する一次相続には、注意点がある

妻の父が亡くなった際、家族で話し合い、義父の全財産は義母が相続しました。これを「一次相続」といいます。

伴侶が亡くなると、遺された配偶者に、財産のすべてを相続するケースは多くあります。これまでの生活を維持するためです。ここで問題になってくるのが相続税です。相続税が発生すると、配偶者は生活が苦しくなる可能性があるからです。そこで遺された配偶者には、大きな軽減措置が設けられています。**「1億6000万円または法定相続分のいずれか多い金額まで相続税はかからない」**というものです。

一次相続は結局損をすることもある

一見すると、**一次相続の形は、相続税対策にバッチリのように見えますが、問題は、その配偶者が亡くなり、子供が相続する二次相続のときです。**

例えば、亡くなった父親の財産が5000万円で、配偶者と子供1人の場合、一次相続で母親が全額を相続し、その後、そのお金を残したまま亡くなり、二次相続の段階になると、子供に160万円の相続税が発生します。

[一次相続を行うと、税金が高くなることもある]

配偶者が全財産を相続する一次相続は、二次相続のシーンまで考えて、活用するか否かを決めることが大切になります。

財産の総額	一次相続で配偶者が全額相続		一次相続で法定相続分で相続	
	一次相続時の税額	二次相続時の税額	一次相続時の税額	二次相続時の税額
5,000万円	母 0円 子1人 0円	子1人 160万円	母 0円 子1人 40万円	子1人 0円
8,000万円	母 0円 子1人 0円	子1人 680万円	母 0円 子1人 235万円	子1人 40万円

※母親と子供１人のケース

一方、一次相続で、２人が法定相続分（87ページ参照）で相続すると、子供には40万円の相続税が発生しますが、二次相続では税金はかかりません。

配偶者の生活を守ることが何より大切

とはいえ、**税金面だけを見て、一次相続を「悪」としてとらえてはいけません。まずは配偶者の生活を守ることを第一に考える**べきです。

例えば、配偶者の「老後の住処」の選択で、利便性の高いマンションへの引っ越しを視野に入れている場合は、配偶者が家などのすべての財産を相続し、その後、自身で家を売却し、その資金を得るはずです。なお、配偶者への軽減措置は、自動的に適用されるわけではありません。相続税申告をしなければ使えませんので、ご注意を。

3-7

誰が何を相続するのかを「遺産分割協議書」にまとめる

親が死亡し、**親の財産を相続する際は、遺言書があれば、その指示に従う**ことになります（20ページ参照）。**遺言書がない場合は「法定相続による相続」か「遺産分割協議による相続」のどちらかを選択**することになります。

預貯金だけでなく、親の家を相続する場合は、法定相続による相続は、あまり現実的ではありません。家を分割することは難しいからです。そこで基本的には「遺産分割協議による相続」を選ぶことになります。

相続人同士で「誰が何を相続する」のかを決めていき、その詳細を1枚の紙にまとめます。これを「遺産分割協議書」といいます。預貯金の相続手続き、相続税申告時など、さまざまな場面で、遺産分割協議書の提出が求められます。

遺産分割協議書は自署と実印が必要

遺産分割協議書は、決まったフォーマットはありませんが、記述する内容はある程度決まっています。左ページを参考にしてください。協議書は自筆で署名し、実印を押印します。確認の印鑑証明書も必要になります。

[法定相続人と法定相続分]

被相続人の財産を相続するにあたり、各相続人の取り分として法律上定められた割合――それが「法定相続分」です。配偶者が死去し、子供のみの場合は、1人であれば「100%」、2人であれば「2分1ずつ」となります。

配偶者と子1人	配偶者	1／2
	子	1／2
配偶者と子2人	配偶者	1／2
	子	1／4ずつ
子1人		100%
子2人		1／2ずつ
子3人		1／3ずつ

[遺産分割協議書の内容]

遺産分割協議書は、相続人全員で話し合って、全員から納得が得られた段階で作成します。分割内容を正確に記載します。

①被相続人の氏名、死亡日、住所

被相続人の「最後の本籍」「最後の住所」「氏名」「死亡年月日」を記載します。

②相続人が協議内容に合意した旨を示す文言

「上記の者の相続人全員は、被相続人の遺産について協議を行った結果、次のとおり分割することに同意した」などと記載する。

③各相続人の相続内容

下に示したように、各相続人の相続内容を漏らすことなく、すべて記入する。

1. 相続人 永峰英太郎は次の遺産を取得する。

【土地】
所　在　所沢市大字松郷
地　番　87番地57
地　目　宅地
地　積　79.98㎡

④相続人全員の名前・住所と実印の押印

相続人全員が自筆で署名し、実印を押印します。提出先には「印鑑証明書」も添付します。

3-8

相続税申告が自分でできるケース、難しいケース

相続税申告と聞いて、自分では無理だと思う人も多いことでしょう。しかしながら、**「相続税申告＝税理士に委ねる」と早合点すべきではありません。**私のケースでいえば、自分で相続税申告ができました。

一方で、税理士に頼んだほうがいいケースもあります。妻の父が亡くなったときは、妻は税理士を頼りました。税理士に頼んだ場合、遺産総額の1％程度の支払いが必要になります。しかし、それでも費用対効果が高いと踏んだからです。

自分で申告ができるか否かの見極めポイントは、「土地の形」と「自宅以外の土地の有無」となります。

私の実家は、長方形の整った形だったため、評価額が出しやすかったのですが、いびつな形の土地の場合は、評価額の計算方法が難解のため、専門家にまかせたほうが無難です。

田舎では自宅以外の土地も多い

また、**土地が自宅以外にある場合――例えば、賃貸アパート、農地、山林などがあると、難易度は高くなります。**

[相続税申告の難易度チェックポイント]

相続税申告は、それぞれの財産を評価額に計算し直す必要があります。自分でできるかどうかのチェックポイントを紹介します。

①土地の形

土地の形が複雑だと、補正率を掛けたりするため、計算が難しくなります。

正方形や長方形 → 自分で可
いびつな形 → 難しい

②自宅以外の土地

賃貸アパートや貸駐車場、農地、森林などがあると、計算が複雑になります。

自宅の土地のみ → 自分で可
農地などがある → 難しい

③名義が違う

土地や建物が親ではなく、祖父母のままの名義の場合、専門家に依頼したほうが無難です。

親の名義 → 自分で可
祖父母などの名義 → 難しい

④相続人同士の関係性

相続人同士の仲が悪く、しかも遺言書がない場合、相続手続きはかなり困難です。

仲が良い → 自分で可
仲が悪い → 難しい

妻の父の住まいは岩手県一関市でしたが、山林と田、畑が24か所ありました。田舎では、こうしたケースは多いものです。一次相続で妻の母が全財産を相続しましたが、その手続きは、とても素人には太刀打ちできるものではありませんでした。

相続人同士の関係性も重要

土地以外では、相続人同士の仲の良し悪しも、チェックポイントになります。仲が悪い場合で、故人が遺言書を残していない場合は、専門家に頼るべきです。相続人同士では、話がまとまることがないからです。

上の表に、相続税申告が自分でできるのか否かのチェックポイントをまとめました。参考にしてください。

3-9

親の家の相続税評価額を正確に計算する

75ページで、親の家の評価額を大まかに計算する方法を紹介しましたが、**親が死亡し、親の家を相続するにあたり、**「相続税が発生する」「配偶者の税額軽減を使う」「小規模宅地等の特例を使う」などのケースでは**正確な相続税評価額を出す必要があります。**

私の場合は「小規模宅地等の特例を使って、相続税を安く抑える」必要があり、必然的に、親の家の正確な評価額を出すことになりました。

親の家は、主に「家屋」と「土地」に分けられます。まず知るべきは、毎年春に市区町村から送られてくる**「固定資産税納税通知書」**の課税明細**書に記されている家屋と土地の「固定資産税評価額」と「面積（地積）」**です。親が亡くなった年度のものを使います。

家屋の評価額の算出法は簡単

私の親の家は平成31年度で、家屋の固定資産税評価額は66万９４３８円、土地の固定資産税評価額は７２９万４１７６円、地積は79・98㎡でした。

地積は住民票の住所とは違うケースもあります。私の実家も、住民票は「松郷87―57」ですが、固

[固定資産税納税通知書の見方]

毎年春に都や市区町村から送られてくる「固定資産税納税通知書」を見れば、家屋と土地の「固定資産税評価額」と「面積(地積)」がわかります。

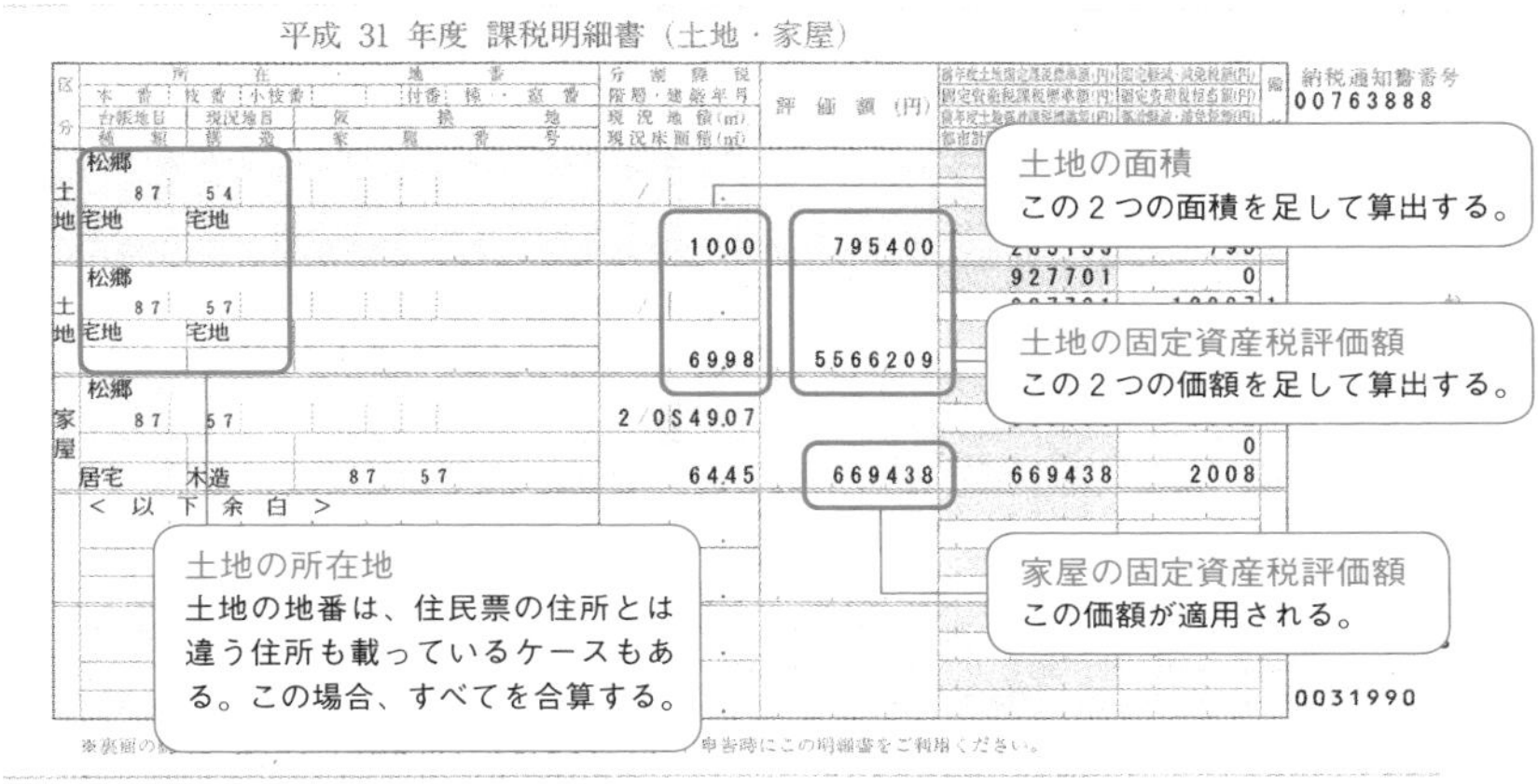

[家屋の相続税評価額の出し方]

土地と違って、家屋の評価額は簡単に算出できます。固定資産税評価額が、そのまま相続税評価額になります。

家屋の相続税評価額＝固定資産税評価額×1.0

↓

著者の実家のケース　66万 9,438円×1.0＝ 相続税評価額は 66万 9,438円

定資産税通知書には「松郷87―54」というものも書かれていました。こうした場合は、合算していきます。

まずは「家屋」の評価額を出します。**計算式は単純で「固定資産税評価額×1・0」です。**私のケースでいえば、固定資産税評価額の66万938円が、そのまま評価額になります。

土地は「路線価方式」か「倍率方式」

それでは、土地の評価額の出し方を見ていきましょう。

土地の評価方法は「路線価方式」と「倍率方式」の二つがあり、住所によってどちらの方式で評価するかが決まります。

国税庁のホームページ「財産評価基準書　路線価図・評価倍率表」にアクセスします。すると、日本地図が表示されるので、親が亡くなった年分のタブを選んだうえで「地図上の該当都道府県」→「財産評価基準書目次の『路線価図』」をクリックし、親の家の住所の地図を表示させます。該当する住所が「倍率地域」で括られた地域であれば、倍率方式になります。

倍率方式の評価額を出す計算式は、次のとおりです。

「固定資産税評価額×倍率」

倍率は、前述の「財産評価基準書目次」にある「評価倍率表（一般の土地等用）」の親の家の所在地に載っています。「1・1」などと倍率が書かれています。

[路線価方式か倍率方式かチェック]

土地の評価方法は「路線価方式」と「倍率方式」の２つがあります。国税庁のＨＰ「財産評価基準書　路線価図・評価倍率表」でどちらの方式か、チェックします。

step1

地図上の該当都道府県を選択

日本地図が表示されるので、親が亡くなった年分のタブを選んだうえで、地図上の該当都道府県を選択します。

山形
宮城
新潟
福島
石川
富山
群馬
栃木
茨城
福井
長野
埼玉
東京
千葉
京都
滋賀
岐阜
山梨
兵庫
愛知
静岡
神奈川
大阪
三重
奈良
和歌山

埼玉県であれば、
埼玉をクリック。

step2

「路線価図」を選択

「財産評価基準書目次」のページが表示されるので、「路線価図」をクリックします。

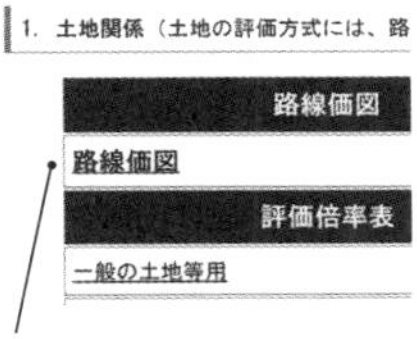
1. 土地関係（土地の評価方式には、路
路線価図
路線価図
評価倍率表
一般の土地等用

路線価図をクリック。

step3

親の家の住所を探す

「市区町村」が表示されるので、該当するエリアを選択。さらに「地名」が表示されるので、該当する数字をクリックし、住所までたどり着く。

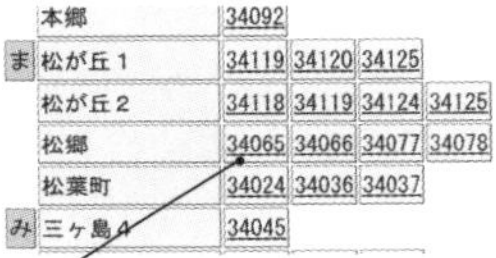
本郷 34092
ま 松が丘１ 34119 34120 34125
松が丘２ 34118 34119 34124 34125
松郷 34065 34066 34077 34078
松葉町 34024 34036 34037
み 三ヶ島４ 34045

適当な数字を押すと、地図が表示されるので、親の家の場所を探り出していく。

[倍率方式の場合の評価額の計算方法]

親の家が「倍率方式」のエリアの場合は、評価額の出し方は簡単です。特に地方の場合は、倍率方式が多い傾向にあります。

倍率方式のエリア

倍率地域
大字牛沼

親の住所の地図上に「倍率地域」と書かれている場合は、倍率方式で評価額を出します。

倍率表をチェック

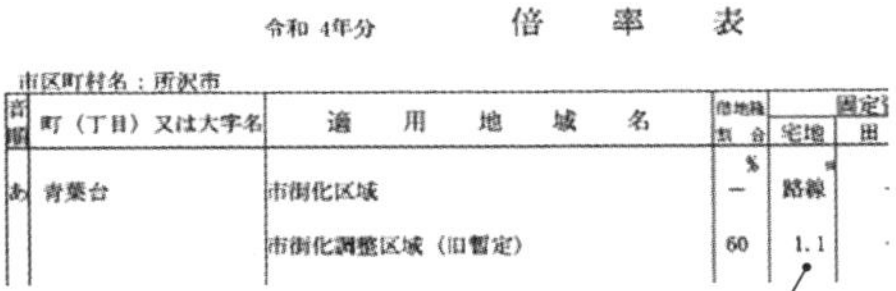
令和 4年分　倍　率　表
市区町村名：所沢市
町（丁目）又は大字名
適用地域名
宅地
あ 青葉台
市街化区域　路線
市街化調整区域（旧暫定）　60　1.1

国税庁のＨＰ「財産評価基準書目次」にある「評価倍率表（一般の土地等用）」から、親の家の所在地を探します。「宅地」の欄に、倍率が書かれています。「1.1」であれば、倍率が「1.1倍」ということです。

倍率表の計算式

土地の相続税評価額＝固定資産税評価額×倍率

例）固定資産税評価額が 700万円、倍率 1.1 の場合 ―― 700万円× 1.1 ＝ 770万円（評価額）

一方、**親の家の住所の地図に「100D」「99D」などと書かれていたら、路線価方式**になります。

路線価は、宅地1㎡あたりの価額が千円単位で表示されています。

100Dなどの左右にある矢印（←→）は、路線価が適用される範囲になります。なお「D」は、土地を借りていた場合の借地権割合のことで、Dは60%ということになります。

私の親の家は、左ページのstep1の地図内で「○」で囲ったところになります。「100Dなどと書かれていない」と思うのではないでしょうか。

じつは、私道沿いに家がある場合などは、具体的な路線価が示されていないケースも多いのです。この場合は、最寄りの税務署に、個別に路線価（特定路線価）の設定を求める手続きをします。郵送でできます。私の親の家は、9万6000円（宅地1㎡あたりの価額）となりました。

私は当初、近くの住所の多くが「100D」だったため、その価額で良いと思い込んでいましたが、申告のとき「間違っている」とやり直しを命じられました。盲点でもありますので、ご注意を。

地積測量図で土地の形を確認

路線価方式の場合、「補正率」についても、割り出していきます。

土地は、一つとして同じものがありません。奥行が長かったり、いびつな形をしていたり……。そこで、それぞれの土地の個別の事情を考慮し、補正率で路線価を調整していくのです。**相続税申**

[路線価方式の場合の評価額の計算方法]

国税庁のＨＰ「財産評価基準～」の地図上で、親の実家が「100D」などの数字が書かれている場合は、路線価方式で評価額を出します。計算式は以下のとおりです。

倍率表の計算式

土地の相続税評価額＝路線価×補正率×地積

step1 路線価をチェック

この数字が路線価。1㎡あたりの価額を千円単位で表示。なお「D」というのは、借地権割合のこと。Dは60%を表す。矢印は路線価が適用される範囲です。

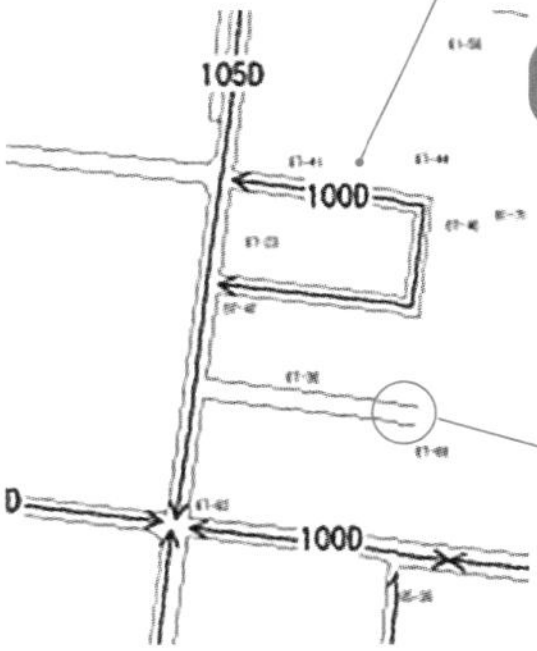

step2 路線価が未表示の場合は、路線価設定を依頼

路線価の設定を求める手続きをすると、数週間後、このような「特定路線回答書」が届きます。これで「9万6,000円」であることが判明しました。行き止まりの道路なので、少し周囲よりも安くなっています。

著者の親の家は、ここ。路線価が表示されていません。この場合は、最寄りの税務署に、路線価（特定路線価）の設定を求める手続きをします。

令和　元　年分　特定路線価回答書

令和2年2月5日付で申出のありました相続税に係る令和元年分の特定路線価について下記のとおり回答します。

記

道路の所在地		
特定路線価（1平方メートル当たり）	96,000　円	円
（参考）地区区分	普通住宅　地区	地区
借地権割合	60　%	%

申告書を提出する際には、この回答書の写しの添付をお願いします。

step3 家の形をチェック

補正率は主に「家の形」―― 奥行などから求めることになります。法務局から、「地積測量図」や「公図」を取り寄せましょう。郵送で可能です。詳しくは法務局のHPを参考にしてください。

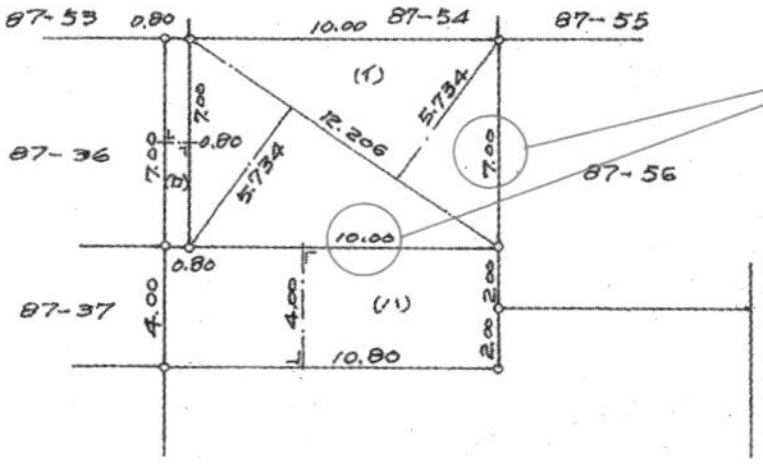

著者の親の家の形は、地積測量図から、間口距離が10m、奥行距離が7mであることがわかります。判読が難しければ、測量図や公図を持って、税務署で相談しましょう。

告で、土地の評価額を出すにあたって、つまずくのは、この補正率です。

補正率の種類は、「奥行価格補正率」「不整形地補正率」「間口狭小補正率」「奥行長大補正率」などがあります。

土地の長さや形は「公図」や「地積測量図」で確かめることができます。法務局から郵送で取り寄せることができます。

私の親の家は「一つの道路だけに面している場合の奥行価格補正率」の適用を受けました。この場合、家の奥行距離に応じて、奥行価格補正率を掛けて、路線価を調整します。私の親の家は「奥行きが7m」です。奥行価格補正率は「0・95」です。

これで、土地の相続税評価額が算出できます。

計算式は次のとおりです。

路線価 × 補正率 × 地積

私の親の家は「路線価9万6000円」「補正率0・95」「地積79・98㎡」ですから、左記のようになります。

路線価	×	補正率	×	地積
9万6000円		0・95		79・98

＝729万4176円

補正率が難しい場合は専門家を頼る

「奥行価格補正率」は、二つの道路に面していると、計算式は一気に難しくなります。**自分の手に負えないと思ったら、専門家に頼むべきです。**そのほうが結局は、時間を浮かせることができ、費用対効果は高くなります。

[奥行価格補正率表で照らし合わせる]

道路から奥行きが長い、あるいは短いと利用しにくい、ということで路線価は下がります。これが「奥行価格補正率」です。奥行の長さや地区区分に応じて、補正率は変わっていきます。地区区分は、路線価図で確認します。親の家の場合は、基本的には「普通住宅」となります。

奥行価格補正率表（一部抜粋）

奥行距離（m）	ビル街	高度商業	繁華街	普通商業・併用住宅	普通住宅
4 未満	0.80	0.90	0.90	0.90	0.90
4 以上 6 未満		0.92	0.92	0.92	0.92
6 以上 8 未満	0.84	0.94	0.95	0.95	0.95
8 以上10 未満	0.88	0.96	0.97	0.97	0.97
10以上12 未満	0.90	0.98	0.99	0.99	1.00
12以上14 未満	0.91	0.99	1.00	1.00	

※補正率が 1.00 は調整する必要がないということ。

[路線価方式の評価額の計算]

ここまでで、「路線価」「補正率」「地積」が出そろいました。路線価方式の相続税評価額を算出していきましょう。

著者の親の家のケース

路線価

9万6,000円

路線価設定の依頼をしたところ、封書で路線価が届きました（94ページ参照）。

補正率

0.95

奥行は 7mのため「6 m以上 8 m未満」の補正率となります。

地 積

79.98㎡

固定資産税納税通知書に地積は書かれています（91ページ参照）。

計算式

路線価×補正率×地積＝土地の相続税評価額

9万 6,000円× 0.95× 79.98 ＝**729万4,176 円**

3 - 10

間口が狭かったり、奥行が長いと、評価は下がる

繰り返しますが、土地の相続税評価額を路線価方式で計算する場合、一番つまずくのは「補正率」です。私の親の家は「**奥行価格補正率**」の適用を受けましたが、土地の形によっては「**間口狭小補正率**」「**奥行長大補正率**」「**不整形地補正率**」が適用されるケースもあります。

補正率で路線価を調整する

評価額を決めるにあたり、間口が狭いといったことは、マイナスポイントと判断されます。そこで補正率を使って、路線価の調整を図るわけです。

例えば、間口については、普通住宅の場合、8m未満までは、補正率が設定されています。また、奥行は「奥行距離 ÷ 間口距離」を計算して、その差が2m以上あると補正率が設定されています。それぞれの計算式は左ページに載せました。

相続税評価額の補正率は、素人にはお手上げのものも多くあります。例えば、四角に整っていない宅地（不整形地）、がけ地、無道路地……。こうした場合は、固定資産税通知書や地積測量図などを持参して税務署に相談したり、税理士に依頼しましょう。

［間口が狭い土地の評価方法］

間口が狭い土地は、評価が下がります。以下の方法で、計算していきます。

路線価×奥行価格補正率＝A（円未満切り捨て）
A×間口狭小補正率＝B（円未満切り捨て）
B×地積＝相続税評価額

［奥行が長い土地の評価方法］

間口に対して奥行が長い土地は、奥行長大補正率を用いて計算していきます。

路線価×奥行価格補正率＝A（円未満切り捨て）
A×奥行長大補正率＝B（円未満切り捨て）
B×地積＝相続税評価額

間口狭小補正率（普通住宅）

間口距離（m）	補正率
4未満	0.90
4～6未満	0.94
6～8未満	0.97

奥行長大補正率（普通住宅）

奥行距離 ÷ 間口距離（m）	補正率
2～3未満	0.98
3～4未満	0.96
4～5未満	0.94
5～6未満	0.92
6～	0.90

補正率で悩んだら、税務署の
無料相談窓口を利用するのが
オススメです！

3-11

分譲マンションの評価額の出し方

親の家が**分譲マンションの場合も、一戸建てと同じように、土地と建物をそれぞれ評価**していきます。一つの棟の中に、独立した専有部分が複数あり、その専有部分ごとに登記されている建物を「区分建物」といいます。分譲マンションも、その一つです。

マンションにも土地の敷地権はある

マンション住まいだと、土地は未所有のように感じられますが、そんなことはありません。所有者の持分（敷地権）が明確に定められているのです。

土地の相続税評価額は、まずマンション全体の評価額を出してから、自分の敷地権の割合を掛け合わせて算出します。

マンション全体の評価額の出し方は、路線価の場合は「路線価 × 補正率 × 地積」で出します。例えば、路線価が30万円で、奥行補正率が0・99、地積が1700㎡であれば、5億490万円となります。

続いて、自分の敷地権の割合を確かめます。**マンション全体の地積や所有者の敷地権の割合は登**

[分譲マンションの評価額（土地）の計算方法（路線価方式）]

分譲マンションの土地は、敷地権と呼ばれます。一戸建てよりも、少し計算式は複雑です。

step1

マンション全体の評価額を出す

路線価×補正率×マンション全体の地積

step2

親のマンションの敷地権の割合を出す

マンション1室の登記事項証明書を取り寄せます。「敷地権の割合」という部分に「10万分の 1578」などと記されています。

step3

全体の評価額と敷地権の割合を掛ける

マンション全体の評価額×敷地権の割合＝敷地権の評価額

記事項証明書に載っています。

敷地権の割合は「10万分の1578」といった具合に表示されています。この場合、敷地権の評価額は「5億4990万円×1578÷10万」で、796万7322円となります。

倍率方式の計算式は、一戸建てと同じ

なお、**評価方法が「倍率方式」のエリアの場合は、一戸建てと同じように「固定資産税×倍率」で計算**します。

一方、**建物の相続税評価額は、一戸建てと同じ**です。固定資産税評価額は、マンションの1室ごとに算出されています。固定資産税評価額の価格欄の金額を、そのまま使います。

3 - 12

相続税申告書を作成していく

亡くなった親の財産をすべて評価額に換算したら、相続税の申告書作りに入ります。申告書は国税庁のホームページからダウンロードできます。

申請書の作成手順としては、まず相続税がかかる財産の集計から始めます。「路線価方式の土地」や「小規模宅地等の特例の適用を受ける土地」「生命保険金」がある場合は、その申告書を作成をします（１０３ページ、１０５ページ参照）。

続いて「相続税がかかる財産の明細書」（１０６ページ）に、親の財産すべての評価額を記入するとともに、相続人ごとの分配の詳細も記入します。

[相続税の申告で必要な書類]

相続税の書類は多種多様ですが、親の家を相続する際は、基本的には以下の書類があれば大丈夫です。

①相続税がかかる財産の集計で必要な申告書

- 小規模宅地等についての課税価格の計算明細書（第 11・11の 2 表の付表 1 ）
- 土地及び土地の上に存する権利の評価明細書
- 生命保険金などの明細書
- 相続税がかかる財産の明細書

②マイナスの財産の集計

- 債務及び葬式費用の明細書
- 相続財産の種類別価額表

③相続税の計算で必要な書類

- 相続税の申告書
- 相続税の総額の計算書

[「土地及び土地の上に存する権利の評価明細書」の書き方]

土地の評価額を記入するには、この明細書を使用します。

土地及び土地の上に存する権利の評価明細書（第１表）　局(所)　署　年分　ページ

(住居表示)　(　) 所在地番	埼玉県所沢市松郷87番地○○	所有者	住所（所在地） 埼玉県所沢市松郷87番地○○ 氏名（法人名） 永峰康雄	使用者	住所（所在地） 埼玉県所沢市松郷87番地○○ 氏名（法人名） 永峰康雄

地目	地積	路線価 正面	側方	側方	裏面
宅地　山林　田　雑種地　畑（　）	79.98 ㎡	96000 円	円	円	円

間口距離　10 m　奥行距離　7 m

利用区分：自用地　私道　貸宅地　貸家建付借地権　貸家建付地　転貸借地権　借地権　(　)

地区区分：普通商業・併用住宅地区

地形図及び参考事項

自用地１平方メートル当たりの価額

1　一路線に面する宅地（正面路線価）（奥行価格補正率）96000 円 × 0．95　(1㎡当たりの価額) 91200 円　A

2　二路線に面する宅地（A）［側方・裏面 路線価］（奥行価格補正率）［側方・二方 路線影響加算率］円　B

（C）［側方・裏面 路線価］円 ＋（　円 ×　．　）

5-1　間口が狭小な宅地等（AからDまでのうち該当するもの）（間口狭小補正率）（奥行長大補正率）円 ×（　．　×　．　）　E

5-2　不整形地（AからDまでのうち該当するもの）　不整形地補正率※　0.　F

6　地積規模の大きな宅地（AからFまでのうち該当するもの）　規模格差補正率※　円 × 0.　G

※規模格差補正率の計算（地積(Ⓐ)）(Ⓑ) (Ⓒ)（地積(Ⓐ)）（小数点以下２位未満切捨て）｛(　㎡×　＋　)÷　㎡｝× 0.8 ＝ 0.

7　無道路地（F又はGのうち該当するもの）（※）円 ×（1 － 0.　）　H

※割合の計算（0.4を上限とする。）（正面路線価）（通路部分の地積）（F又はGのうち該当するもの）（評価対象地の地積）（　円 ×　㎡）÷（　円 ×　㎡）＝ 0.

8-1　がけ地等を有する宅地〔南、東、西、北〕（AからHまでのうち該当するもの）（がけ地補正率）円 × 0.　I

8-2　土砂災害特別警戒区域内にある宅地（AからHまでのうち該当するもの）特別警戒区域補正率※　円 × 0.　J

※がけ地補正率の適用がある場合の特別警戒区域補正率の計算（0.5を下限とする。）〔南、東、西、北〕（特別警戒区域補正率表の補正率）（がけ地補正率）（小数点以下２位未満切捨て）0.　× 0.　＝

9　容積率の異なる２以上の地域にわたる宅地（AからJまでのうち該当するもの）（控除割合）円 ×（1 － 0.　）　K

10　私道（AからKまでのうち該当するもの）円 × 0.3　L

自用地の評価額	自用地１平方メートル当たりの価額（AからLまでのうちの該当記号）	地積	総額（自用地１㎡当たりの価額）×（地積）	
	（A）91200 円	79.98 ㎡	7294176 円	M

（注）1　5-1の「間口が狭小な宅地等」と5-2の「不整形地」は重複して適用できません。
2　5-2の「不整形地」の「AからDまでのうち該当するもの」欄の価額について、AからDまでの欄で計算できない場合には、（第２表）の「備考」欄等で計算してください。
3　「がけ地等を有する宅地」であり、かつ、「土砂災害特別警戒区域内にある宅地」である場合については、8-1の「がけ地等を有する宅地」欄ではなく、8-2の「土砂災害特別警戒区域内にある宅地」欄で計算してください。

（資4－25－1－A4統一）

A　親の家の住所と家の所有者（親）の名前を記入する。

B　地目は「宅地」を選択し、地積を記入する（90ページ参照）。

C　路線価を記入する（94ページ参照）。

D　地積測量図などから間口距離と奥行距離を記入する（98ページ参照）。

E　筆者の場合は「１つの道路だけに面している場合の奥行価格補正率」の適用を受けたため、この欄を使用。奥行価格補正率を算出し（97ページ参照）、１㎡あたりの価額を記入。

F　１㎡あたりの価額に地積を掛け、土地の評価額を出す。

G　「間口が狭小な宅地等」の適用を受ける場合は、この欄を使用するなど、自分の親の家の状況ごとに欄を選ぶ。

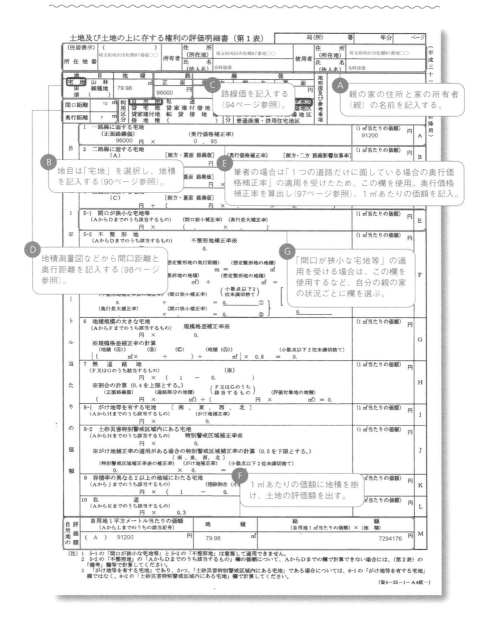

続いて、財産から差し引けるマイナスの財産を計算します。「債務及び葬式費用の明細書」を使用します。

そして、その内容を「相続財産の種類別価額表」に記入し、各人の課税価額を出します。

相続税の申告書を書けば、完成

これらが終われば、相続税の計算に入ります。「相続税の申告書」（107ページ参照）と「相続税の総額の計算書」（下を参照）を使います。課税価格から基礎控除額を差し引き、税率を掛けて相続税の総額を計算し、その後、それを各相続人に按分します。これで申告書の完成です。ここでは、私が申告書の作成にあたり、戸惑った書類について、詳しく紹介しました。

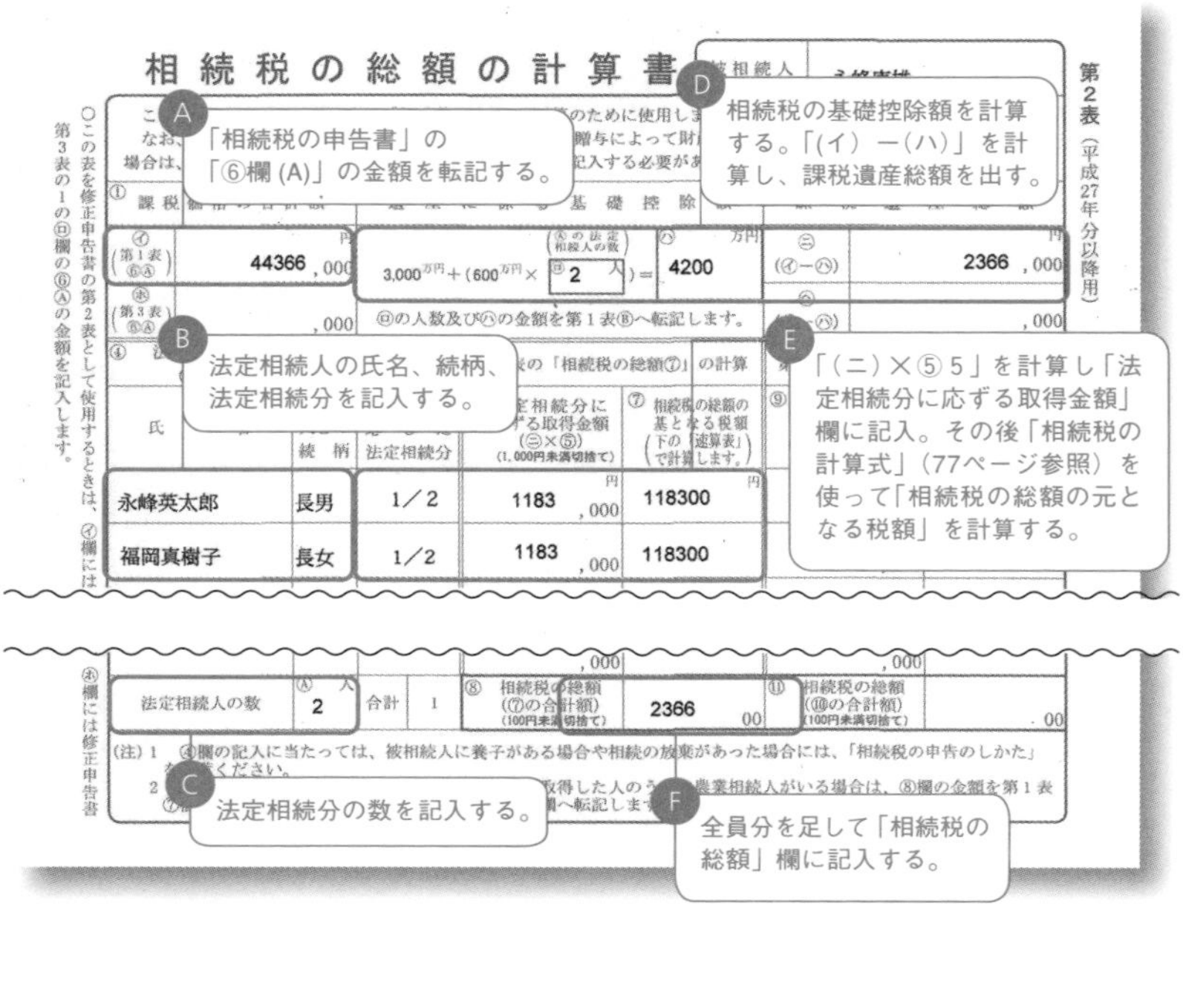

相続税の総額の計算書
第2表（平成27年分以降用）
A 「相続税の申告書」の「⑥欄 (A)」の金額を転記する。
D 相続税の基礎控除額を計算する。「(イ) −(ハ)」を計算し、課税遺産総額を出す。
44366,000
3,000万円＋(600万円× 2 人)＝ 4200
2366,000
B 法定相続人の氏名、続柄、法定相続分を記入する。
E 「(ニ)×⑤5」を計算し「法定相続分に応ずる取得金額」欄に記入。その後「相続税の計算式」（77ページ参照）を使って「相続税の総額の元となる税額」を計算する。
永峰英太郎 長男 1／2 1183,000 118300
福岡真樹子 長女 1／2 1183,000 118300
法定相続人の数 2
相続税の総額 2366 00
C 法定相続分の数を記入する。
F 全員分を足して「相続税の総額」欄に記入する。

[「小規模宅地等の特例」の申請書の書き方]

小規模宅地等の特例を使用する場合は、相続税申告時に、この申請書を添付する必要があります。

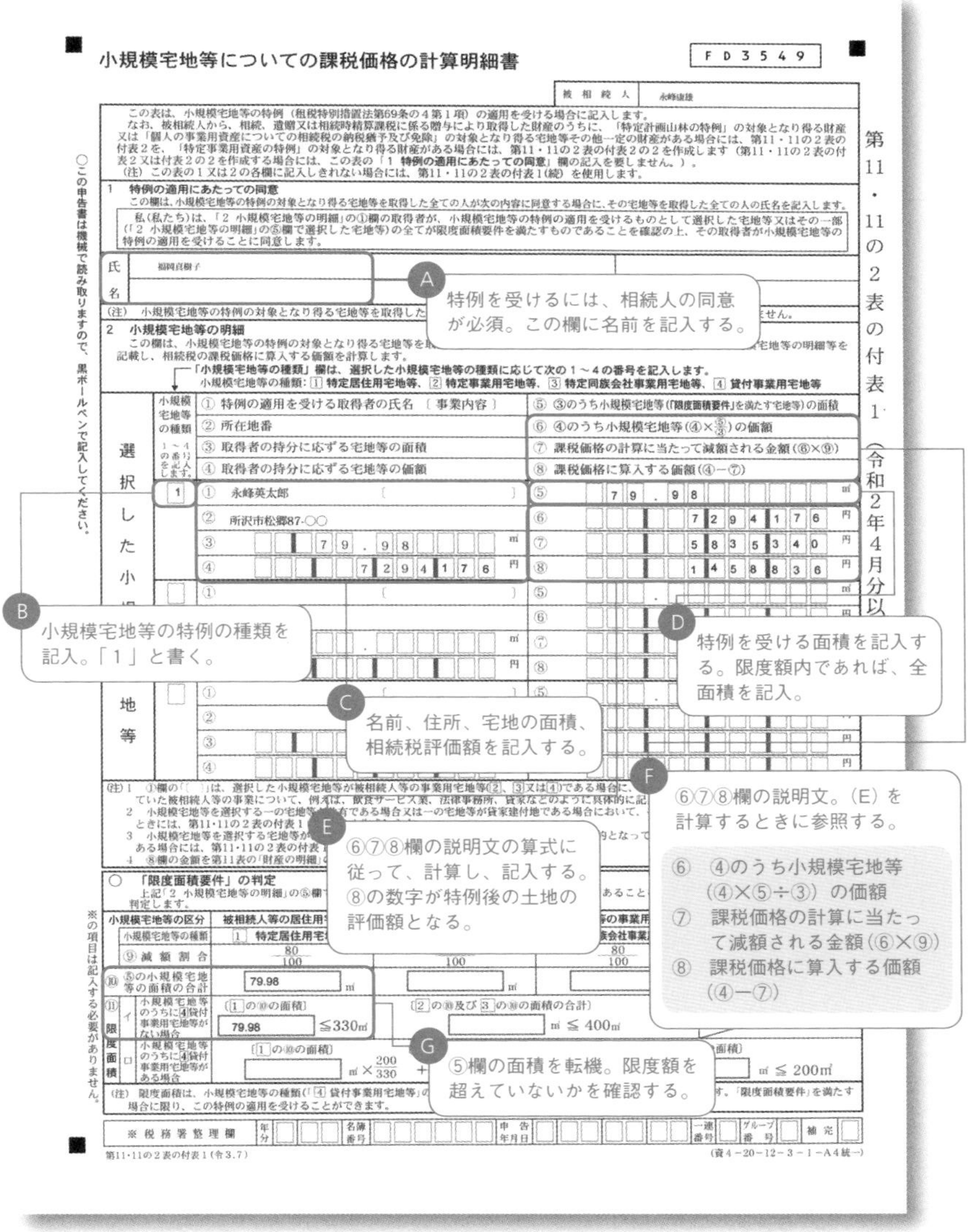

[「相続税がかかる財産の明細書」の書き方]

すべての財産の評価額を記入していきます。相続人同士で分配方法を決め、そのとおりに記入していきます。

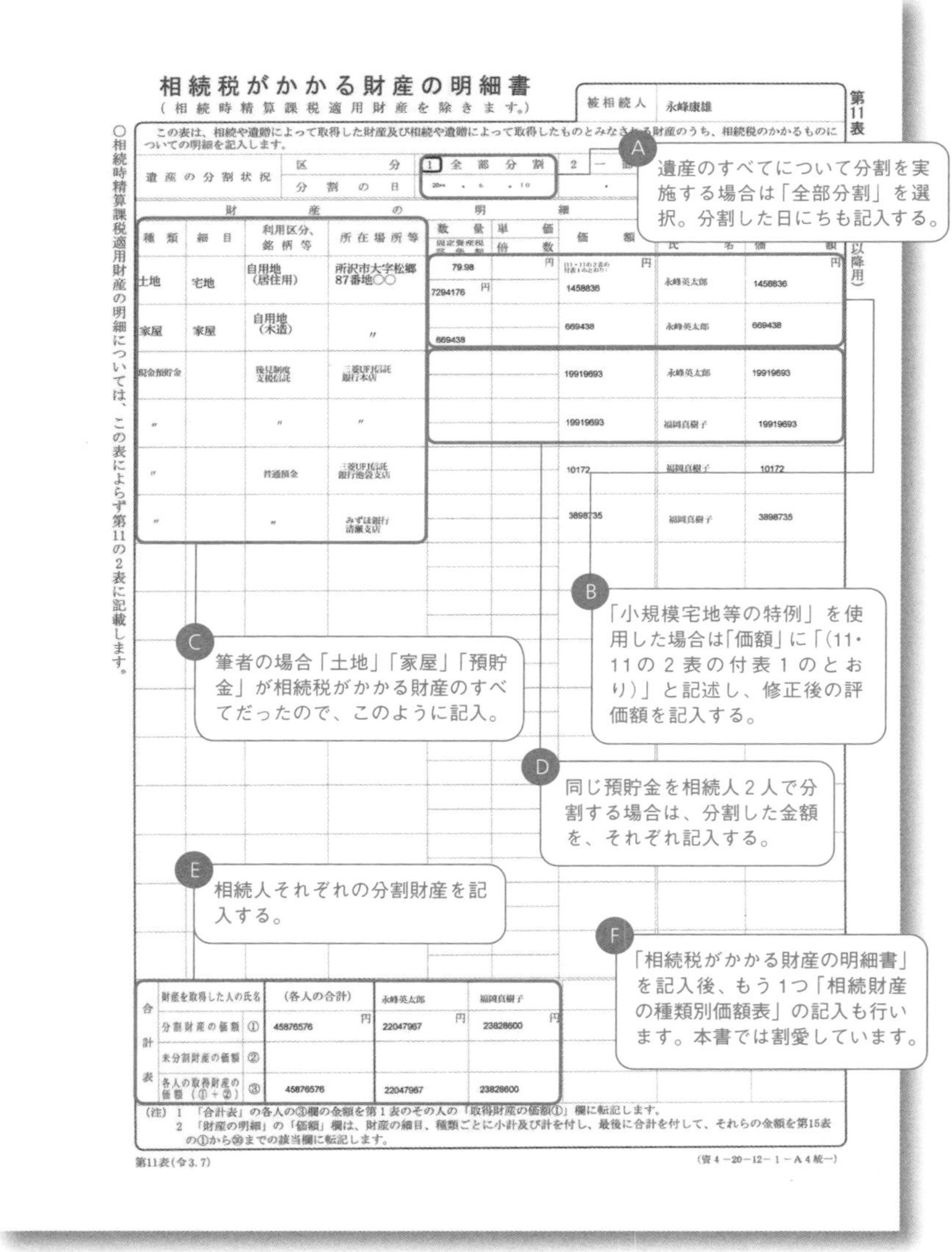

相続税がかかる財産の明細書
（相続時精算課税適用財産を除きます。）

被相続人　永峰康雄　第11表

この表は、相続や遺贈によって取得した財産及び相続や遺贈によって取得したものとみなされる財産のうち、相続税のかかるものについての明細を記入します。

遺産の分割状況	区分	1 全部分割	2 一部分割
	分割の日	20●●．6．10	．

種類	細目	利用区分、銘柄等	所在場所等	数量 / 固定資産税評価額	単価 / 倍数	価額	取得者氏名	取得財産の価額
土地	宅地	自用地（居住用）	所沢市大字松郷87番地○○	79.98 / 7294176		（11・11の2表の付表1のとおり）1458836	永峰英太郎	1458836
家屋	家屋	自用地（木造）	〃	669438		669438	永峰英太郎	669438
現金預貯金		後見制度支援信託	三菱UFJ信託銀行本店			19919693	永峰英太郎	19919693
〃		〃	〃			19919693	福岡真樹子	19919693
〃		普通預金	三菱UFJ信託銀行池袋支店			10172	福岡真樹子	10172
〃		〃	みずほ銀行清瀬支店			3898735	福岡真樹子	3898735

合計表		(各人の合計)	永峰英太郎	福岡真樹子
財産を取得した人の氏名				
分割財産の価額	①	45876576	22047967	23828600
未分割財産の価額	②			
各人の取得財産の価額（①＋②）	③	45876576	22047967	23828600

（注）1 「合計表」の各人の③欄の金額を第1表のその人の「取得財産の価額①」欄に転記します。
2 「財産の明細」の「価額」欄は、財産の細目、種類ごとに小計及び計を付し、最後に合計を付して、それらの金額を第15表の①から㉚までの該当欄に転記します。

○相続時精算課税適用財産の明細については、この表によらず第11の2表に記載します。

第11表（令3.7）　（資4－20－12－1－A4統一）

[「相続税の申告書」の書き方]

前ページまでで紹介した各種申告書の記入を終えたら、いよいよ「相続税の申告書」の記入に入ります。

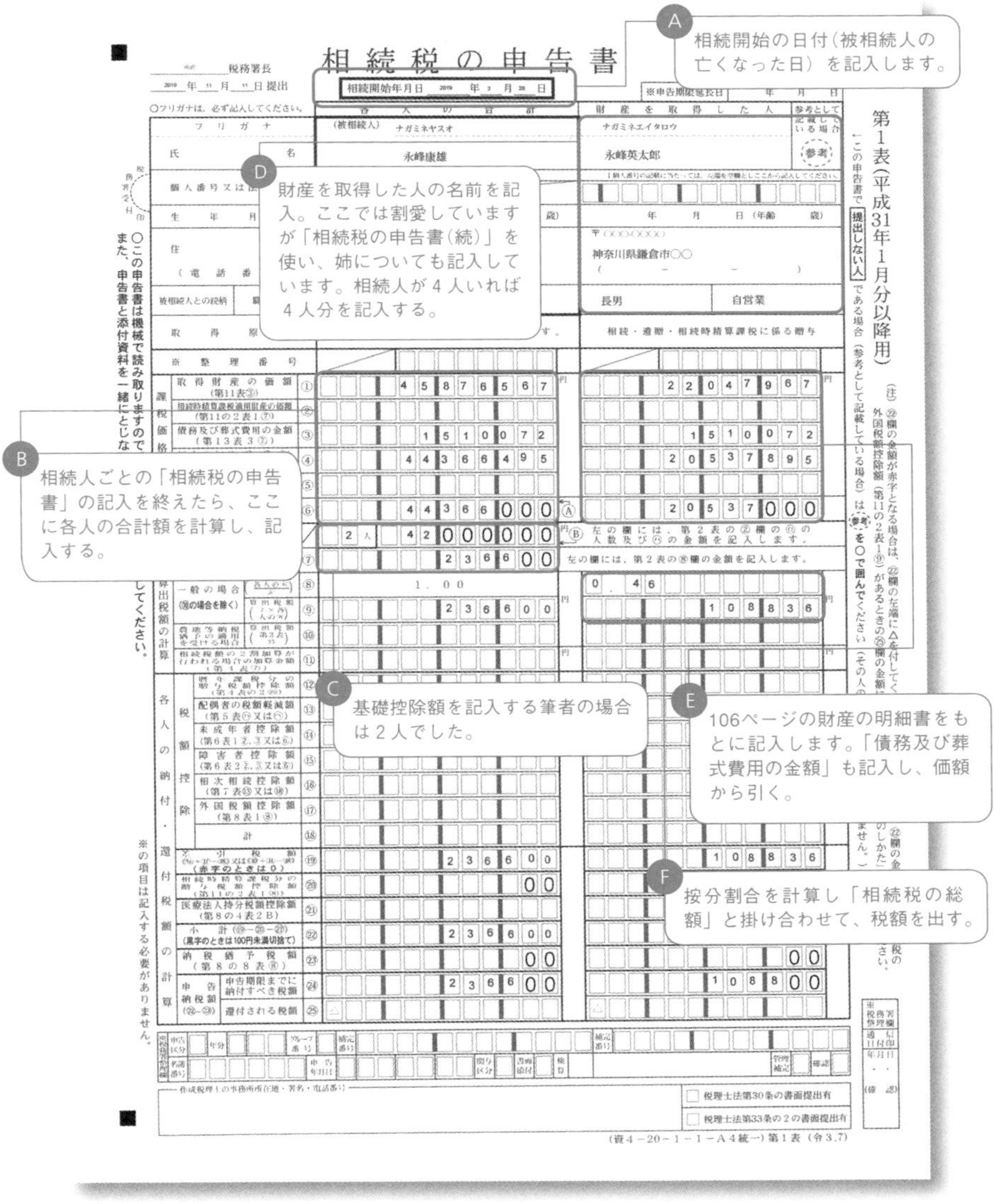
相続税の申告書
2019年11月11日提出
相続開始年月日 2019年3月26日
第1表（平成31年1月分以降用）
（被相続人）ナガミネヤスオ
永峰康雄
ナガミネエイタロウ
永峰英太郎
神奈川県鎌倉市○○
長男
自営業
取得財産の価額 45876567 / 22047967
債務及び葬式費用の金額 1510072 / 1510072
44366495 / 20537895
44366000 / 20537000
2人 42000000
23660 00
1.00 / 0.46
236600 / 108836
236600 / 108836
00
236600
00
236600 / 108800
A 相続開始の日付（被相続人の亡くなった日）を記入します。
B 相続人ごとの「相続税の申告書」の記入を終えたら、ここに各人の合計額を計算し、記入する。
C 基礎控除額を記入する筆者の場合は2人でした。
D 財産を取得した人の名前を記入。ここでは割愛していますが「相続税の申告書（続）」を使い、姉についても記入しています。相続人が4人いれば4人分を記入する。
E 106ページの財産の明細書をもとに記入します。「債務及び葬式費用の金額」も記入し、価額から引く。
F 按分割合を計算し「相続税の総額」と掛け合わせて、税額を出す。

3 - 13

相続税の申告書を税務署に提出する

相続税申告書の作成を終えたら、税務署に提出します。提出先は、被相続人の住所を管轄する税務署です。郵送でも可能です。なお、申告書作成後の間違いがないかの相談は、最寄りの税務署でもしてもらえます。そのため、**遠方の場合は、まずは最寄りの税務署でチェックを受けて、郵送で提出するのがベスト**です。

申告書以外に添付書類も必要

提出する書類は「相続税申告書」と「添付書類」になります。添付書類は「一般書類関係」「特例関係」などになります。詳細は左ページに載せました。

この中で、**特に重要になるのが「被相続人の出生から死亡まで連続した戸籍謄本」**です。被相続人に隠し子など、ほかに相続人がいないかを確認するために必要なのです。

まずは死亡の記載のある戸籍謄本を取ります。すると前の戸籍の情報が載っているので、それを参考に戸籍を一つひとつ遡り、出生の記載がある戸籍に辿り着くまで繰り返します。これらの作業は郵送でできます。

［相続税申告時に添付する書類］

税務署には相続税の申告書のほか、いくつかの書類を添付して提出する必要があります。国税庁のHPから抜粋しました。

本人確認書類

相続税の申告書には、相続人全員の個人番号（マイナンバー）の記載が必要です。その確認のための書類が必要です。

個人番号確認書類	マイナンバーカード（裏面）のコピー、あるいは通知カード（表面）のコピー。
身元確認書類	マイナンバーカード（表面）のコピー、運転免許証のコピーなど。

一般書類関係

「被相続人の出生から死亡まで連続した戸籍謄本」など、必要になるものは、主に3種類あります。

被相続人の戸籍謄本（出生から死亡まで）	ほかに相続人がいるかどうかをチェックするために必要です。
遺産分割協議書	それぞれの相続の分け方が正しいかどうかのチェックに必要です。
印鑑証明書	遺産分割協議書には相続人全員の実印の押印が必要で、その確認用です。

特例関係

相続税申告の際、特例を使った場合は、それぞれ添付する書類が必要になることもあります。

小規模宅地等の特例	別居親族が適用を受けるには「賃貸借契約書」などが必要な場合も。
配偶者の税額軽減	「申告期限後3年以内の分割見込み書」が必要な場合も。

相続税の手続きは、
相続開始日の翌日から
10か月以内です。
早めに行いましょう！

Column

親に借金があったら相続放棄も視野に入れる

親に負債があり、その状態のままで亡くなると、相続人は負債を受け継ぐか、放棄するかを決める必要があります。方法は三つ。

相続財産のプラス・マイナスをすべて相続する「**単純承認**」と、プラスの財産の限度で負債を支払い、余りを相続する「**限定承認**」、そして**プラスの財産も負債も受け継がない**「**相続放棄**」です。

相続放棄するには届け出が必要

これらの決定権は相続人にありますが、届け出をする必要があります。**その期間は、被相続人の死後3か月以内**です。この期限を過ぎてしまうと、自動的に「単純承認」となってしまいます。

私の友人は、父親の死後、多額の借金があったことが発覚しました。そのことを知るのは死後2か月が経過してからでした。急いで「相続放棄」の手続きをしたそうです。

結果として、親の家も失うことになりましたが、もし単純承認だったら、相当な借金を背負い込むことになったと話します。

相続というと、プラスの財産を引き継ぐイメージを抱きがちですが、マイナスの財産も含まれるのです。そのことは理解しておきましょう。そして、親に借金の有無を聞いておくことが大切です。

4章

親の家を売却する

親の家
裏に新しい家が建った
親の家
ボーボー
裏の家
うーん これはマズいよなぁ……
父親が亡くなって3年が経っていた
そろそろ売ろうか
そうね
裏の家は知り合いでもないし雑草とかで嫌な気持ちはもっていると思うんだよね
こうして親の家を売る決心をしました

冬に水道管が破裂する事態にも遭遇
プシュー
管理の難しさも売る動機の一つでした
友人
庭の手入れが大変だったから
将来的に資金が必要だったから
知人
売る動機はみんなそれぞれです
親の家を売るにあたり
すべきこと考えることは多くあります
急いで売るのかじっくり売るのか
うちの場合は近隣の迷惑を考えてだから
急ぎ気味で売ったね
うん

家屋に価値を求めるのか　否か
台所の床がぼろぼろ
旧耐震基準
家屋の価値はゼロかもなぁ
私の親の家
売るとき
更地にするか
家屋付きで売るのか
更地にすると税金が高くなっちゃうんですよね
私はマンションをキレイに磨き上げて売ったわよ
知人
そうそう家を売るにあたりけっこういろいろな費用が発生しました
仲介手数料
登記費用
部屋を空っぽにする費用
測量……
あらかじめ知っておくと安心です

そして不動産仲介業者選び!!
日本には約12万社の不動産仲介業者がありその規模としては大手 中堅 中小に分かれる
親の家をしっかり売ってくれる業者を選ばないといけません
業者にまかせっきりもダメです!
親の家の値段の相場をつかむ
SUUMO
中古
東所沢
650万円くらいで売りたいなと
不動産仲介業者
この章では親の家の売り方をじっくり解説していきます!

4-1 親の家を売る「理由」を明確にする

私は父の死後、数年が経過したとき、親の家を売ることにしました。「近隣に知らない人も増えてきて、いつまでも甘えてはいられない」と思ったことが一番の要因でした。

また、自分や姉にとって、親の家を維持する意味を見出せなくなった側面もありました。

私の知人は、マイホームの資金に充てるため、親の家を売りました。「維持するのが予想以上に大変だったから」という人もいました。

このように、**まずは親の家を売る「理由」をはっきりさせましょう。**

「あまり売りたくないけど、そろそろ」という人もいるかもしれません。この場合は、家の売却は先送りしてもいいと思います。

実家を失う喪失感はかなり高い

親の家を売却し、半年が経った頃、その場所を私は訪ねたのですが、自分でも驚くほどの喪失感に襲われました。故郷を失った喪失感です。親の家があった場所には、他の家が建っており、自分がもはや"よそ者"であると悟りました。「あまり売りたくない」という場合は、その気持ちを優先

［親の家を売る「理由」は？］

維持してきた親の家を売る時期は、必ずきます。そのときは、なぜ売るのかの理由を考えてみましょう。

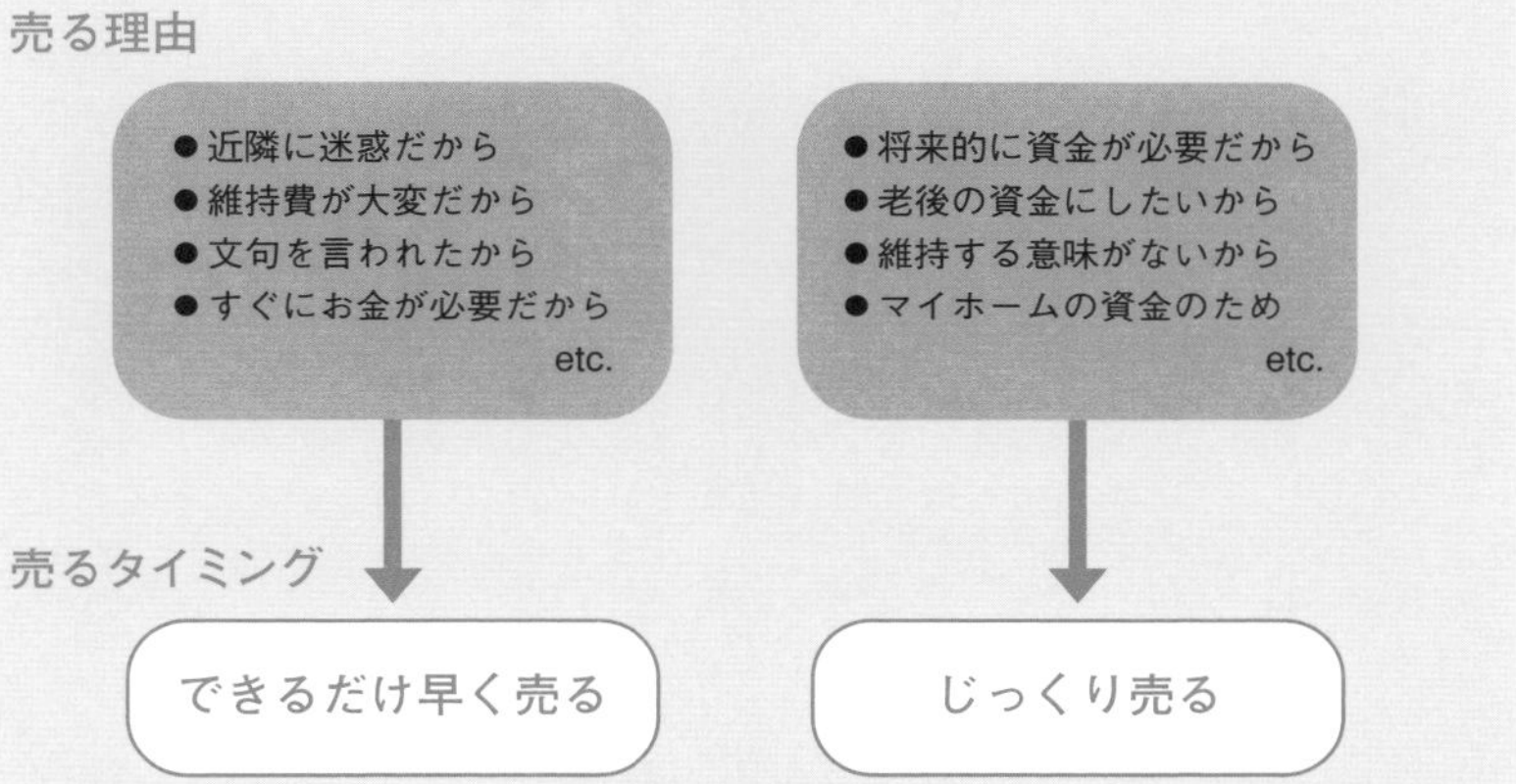
売る理由
● 近隣に迷惑だから
● 維持費が大変だから
● 文句を言われたから
● すぐにお金が必要だから
etc.
● 将来的に資金が必要だから
● 老後の資金にしたいから
● 維持する意味がないから
● マイホームの資金のため
etc.
売るタイミング
できるだけ早く売る
じっくり売る

させても、良いかと思います。

早く売るのか、じっくり売るのかを決める

こうして、**親の家を売る「理由」をはっきりさせると「できるだけ早く売るのか」、あるいは「じっくり売るのか」のどちらを視野に入れるかが見えてきます。**

両者では、売却のスケジュールが変わってきます。前者であれば、スピード優先になり、後者であれば、金額優先になります。

私の場合は、近隣のことを考えて「できるだけ早く売る」ことにしました。

一方、マイホームの資金のためなどであれば、できるだけ高く売る――つまり「じっくり売る」選択を取ることになるのです。

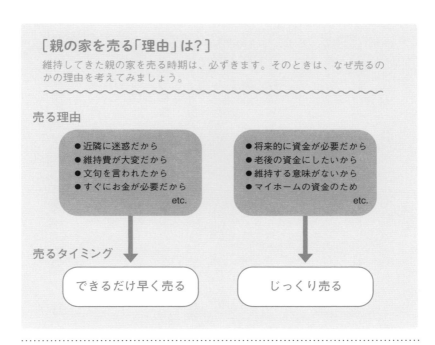

4-2

家屋に価値を求めるのか否かを考える

建築物の設計において適用される地震に耐えられる構造の基準は、現在は「新耐震基準」ですが、1981年5月31日以前は、「旧耐震基準」でした。基本的に旧耐震基準の家は、価値が下がります。私の親の家は、1974年に建てられた木造建築で、旧耐震基準となります。

それもあり、私は家を売却するにあたり、家屋の価値はゼロと決め付けていたのですが、その後、本書の取材を通じて、そうとも言いきれないことを知りました。

それは、旧耐震基準の場合でも、趣のある家屋であれば、あるいは住める状態であれば、それを求める人はいるということでした。

木造の建物は「雨漏り」と「シロアリ被害」さえなければ、70～80年程度はもつといわれています。それだけに、まずは家の状態をチェックすることが大切になります。

シロアリ被害は専門業者に調べてもらう

前者は事象が出ていれば一目瞭然ですが、屋根裏など自分で確認するのが難しい箇所もあります。その場合は、雨漏りの専門業者に調べてもらいま

［親の家の価値をチェック］

あなたの親の家は、価値があるのか。家の状態、耐震基準、そして魅力から見ていきましょう。

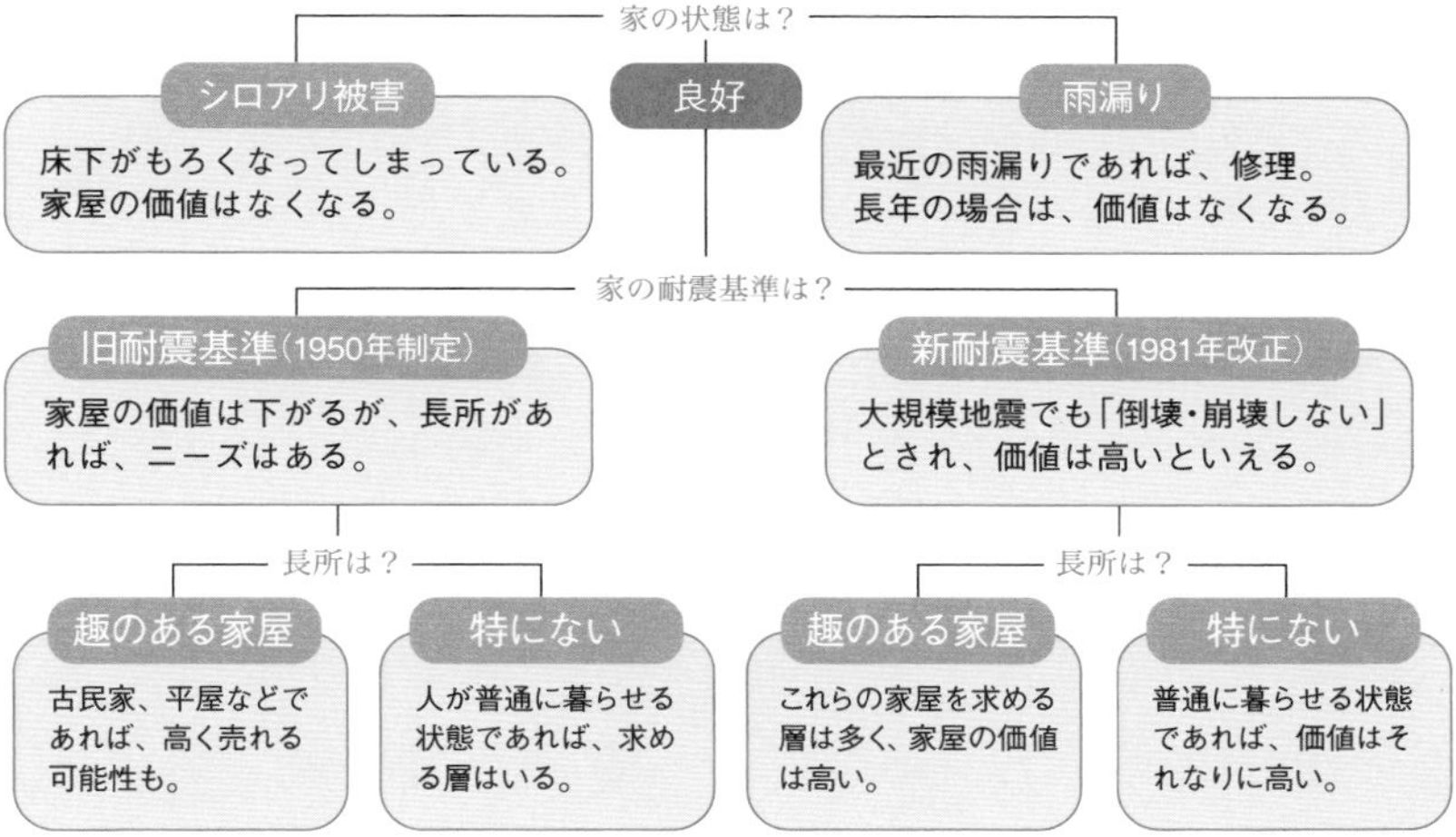
家の状態は？
シロアリ被害
床下がもろくなってしまっている。家屋の価値はなくなる。
良好
雨漏り
最近の雨漏りであれば、修理。長年の場合は、価値はなくなる。
家の耐震基準は？
旧耐震基準（1950年制定）
家屋の価値は下がるが、長所があれば、ニーズはある。
新耐震基準（1981年改正）
大規模地震でも「倒壊・崩壊しない」とされ、価値は高いといえる。
長所は？
趣のある家屋
古民家、平屋などであれば、高く売れる可能性も。
特にない
人が普通に暮らせる状態であれば、求める層はいる。
長所は？
趣のある家屋
これらの家屋を求める層は多く、家屋の価値は高い。
特にない
普通に暮らせる状態であれば、価値はそれなりに高い。

しょう。後者については、シロアリ業者に調べてもらいます。

中古物件＝危険の認識は薄まっている

一方、新耐震基準であれば、家屋付きで売れる可能性は十分あります。国土交通省の調査（2018年）によると、国内の住宅のうち約87％が、新耐震基準を満たしています。

こうした事実により**「中古物件＝危ない」という認識は薄まっている**といえるのです。

私は結局、家屋の価値はゼロととらえ、家を維持するときも、家の外部（庭）を重視し、家の内部はほったらかしでした。「古い家＝価値はゼロ」と思わずに、冷静な目で、親の家の価値を推し量っていきましょう。

4-3 改築履歴をもつ家は、価値が下がるケースもある

あなたの親の家は、違反建築になっていないでしょうか？

じつは、**親の世代の家は、建築基準法や都市計画法に違反しているケースが少なくない**のです。

特に多いのは、増築によって違反建築になっているケースです。**建物には「建ぺい率」と「容積率」というものがあり、これをオーバーしてしまうと違反建築**になります。

建ぺい率とは、土地の面積に対して、どのくらいの面積まで建物が建てられるかの割合のことです。一方、容積率とは、土地の面積に対してどのくらいの規模の建物を建てていいかという割合のことです。

勝手に増築し、違法建築である可能性も

私の実家の裏の家は、私が小学生だったときに、子供部屋を増築し、我が家にかなり近づくことになりました。おそらく勝手に増築したのでしょう。

こうした違反建築を買うと、住宅ローンが借りづらくなるケースもあります。つまり、買い手がかなり限定されるとともに、値段もかなり下がってしまうのです。

［建ぺい率と容積率］

2つの率の出し方は、下の計算式になります。なお、この2つの基準は、地域によって異なります。各市区町村の都市計画課などで調べられます。

建ぺい率＝建築面積÷敷地面積

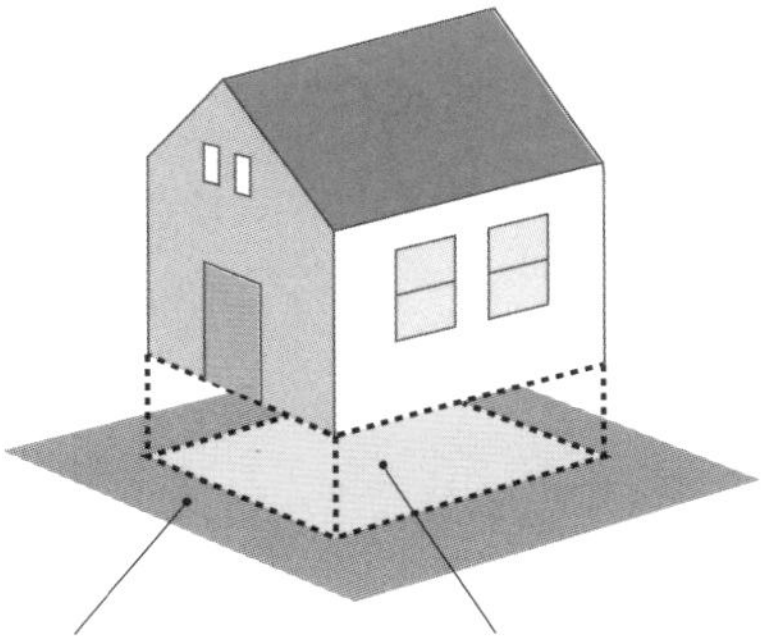

容積率＝延べ床面積÷敷地面積

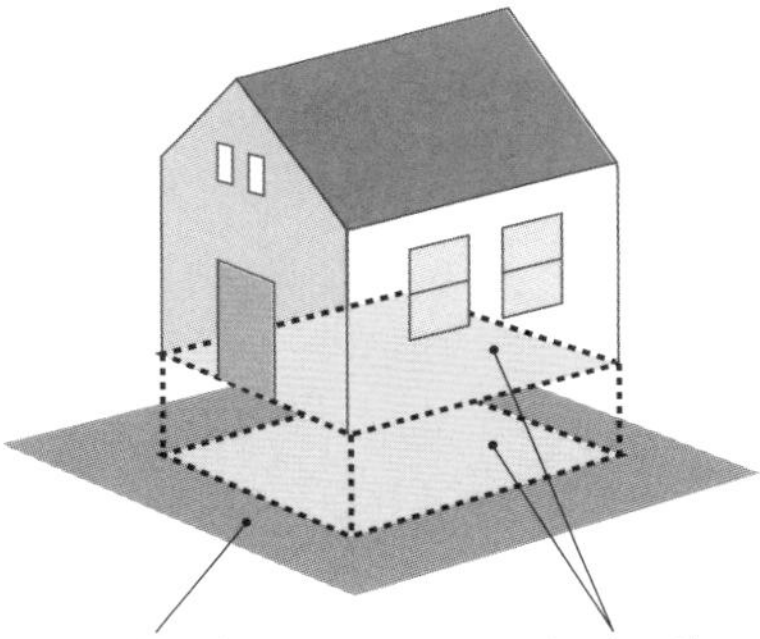

違反建築かは、不動産仲介業者に調べてもらう

では、実家の家が違反建築であるかは、どのように調べればいいのか。記録が残っていないケースがほとんどです。売却時に不動産仲介業者にチェックしてもらうことが基本になります。

また**「既存不適格建築物」である可能性もあります。**建築当時は基準に適合していても、その後の法律改正により規定に適合しなくなった建物です。118ページで触れた「旧耐震基準」が、これに当てはまります。こちらも家の価値が下がる可能性が高くなります。

親の家が「違反建築」か「既存不適格建築物」であった場合は、価値は下がることもあり得ると覚えておきましょう。

4-4

急いで売る必要がなければ、売りどきを見極める

自分の家の売却であれば「引っ越すので、早く売らなければ」といった事態になりがちですが、**親の家の場合は「近隣に迷惑だから」「資金が一刻も早くほしい」といった急ぐ理由がない限り、時間をかけて売り、1円でも高い収益を目指したいものです。**

競合物件の有無をチェックする

高い収益を狙う場合は、**売るタイミングをしっかり見極める**ことが大切になります。

一番の見極めポイントは「競合物件の有無」です。同じエリアに同じようなサイズの物件(土地)が出ていないときに売り出せば、高く売れる確率が高まります。SUUMOなど不動産情報サイトで、親の家の周囲の状況をチェックしましょう。その結果、**供給過多であると判断したら、待つ**選択を取ります。

マンションの場合は、同じマンション内で、売り物件がある場合は待つべきです。

なお、家屋付きで売る場合は、同じエリア内で「家屋付き」の売り物件がなく、一方で、「更地」での売り物件が多い場合は、待たなくてもOKで

［売りどきの見極め方］

親の家をじっくり売ることができる場合は、高い収益を目指したいところです。それには売りどきの見極めが重要になります。

①競合物件の有無

同じエリアに同じようなサイズの物件が出ていなければ、高く売れる可能性も高くなります。

②安値の物件の有無

異常に安い値段の物件が、同じエリアに出ている場合は、その物件が売れるまで待ちましょう。

③更地での売り出しの有無

家屋付きで売る場合は、同じエリアで「更地」での売り物件があっても、あまり気にしないで OKです。家屋付きを求める層はいるからです。

④季節の見極め

引っ越しシーズンの2～3月は、需要と供給が高めです。あえてこの時期を外すのも戦略になります。

す。家屋付きの物件を求めている層は確実に存在するからです。

季節も、見極めポイントになります。転勤などで住居が変わる**2～3月は、住み替えの需要が大きくなり、高値で売却できる**可能性も高くなります。

需要の高い2～3月を外すのも一つの手

一方で、これらの季節は、不動産仲介業者も売却をすすめるため、売り出し物件も増えます。

私の練馬区に住む友人は、あえて夏に売り出し、2～3月の相場よりも高い値段で売り切りました。春先は同じエリアに3件ほど売り物件が出されたので見送り、物件がゼロだった夏に売ったのです。あえて2～3月を避けるのも、戦略の一つです。

4-5

希少性のある物件は、じっくり高く売る

親の家を高く売るためには、売るタイミングを見極めることが大切ですが、**希少性のある物件の場合は、３６５日いつでも売りどき**だといって過言ではありません。

では、どんな物件が、希少性の価値が高いのでしょうか。

まずは、**売り物件が出にくい地域にあるケース**です。こうした地域の特徴としては、評判の良い学校があり、住民の所得水準が比較的高いことが挙げられます。このようなエリアは、住環境や治安がよく、行政サービスの質も高めで、人気が高く、長く住む人が多いのです。

駅から徒歩5分以内の物件は大人気

駅近《えきちか》の物件も希少性があります。特に駅から徒歩5分以内の物件は、人気が高くなります。限られたエリアのため、需要が供給を上回るからです。

都市部に限らず、少し離れた地域でも、駅周辺にマンションが多くある土地であれば、今後開発される土地は少ないため、駅近の希少性は高くなります。

都市部において、建ぺい率・容積率に余裕があ

[希少性のある物件とは？]

親の実家が希少性のあるものであれば、高く売ることができます。売り急いで、損をすることのないようにしましょう。

①売り物件が出にくい地域にある物件

長く住む人が多い、人気のある町は、物件が動きにくく、それだけ希少性が高くなります。

②駅から徒歩5分以内にある物件

限られたエリアになるため、出回る物件の数は限られます。需要が供給を上回り、希少性が増します。

③建ぺい率・容積率に余裕がある物件

土地が広ければ、現状よりも大きな建物が建てられるため、人気が高くなります。

④発展する可能性のあるエリアの物件

近い将来、大規模再開発などが行われる予定のエリアは、地価が上がる可能性があります。

る物件も、希少性が高いといえます。

両方の率の上限ギリギリの建物は多いのですが、その逆は少ないからです。今よりも大きな建物が建てられるため、ニーズが高いのです。

大規模再開発のエリアは地価がアップも

将来的に発展する可能性のあるエリアの建物も、希少性があります。私の知人は北海道北広島市で不動産業を営んでいますが、北海道日本ハムファイターズの新球場が同市にできたことで、地価は大きく上がったそうです。親の家のあるエリアが、近い将来、発展する要素はないのか、チェックしてみてください。

実家が希少性のある物件の場合は、ゆっくりと、高く売ることをオススメします。

4 - 6

親の家の価値を高めてから売る

118ページで触れたように、木造の建物は「雨漏り」と「シロアリ被害」がなければ、70～80年はもちます。そして、中古物件を求めている人も確実にいます。

とはいえ、不動産業界は「中古の建物＝価値がない」と決め付ける傾向が強いのも事実です。また、建物の評価額は築年数とともに下がっていきます。築40年の私の実家は、固定資産税通知書による建物の評価額はたったの66万円でした。

それだけに、**買う側にとっては「中古物件＝価値はない」という先入観が強く働いています。**さらに中古物件は、目には見えない問題箇所も多く、不安要素は尽きないため、価格が高いと躊躇してしまう側面もあります。

だからといって、「実家の建物の価値はゼロ」と諦めてはいけません。中古物件に抱く買い主の不安を取り除いてあげれば、高い値段で売れる可能性は高まります。

私の実家は、私の維持の仕方に難があったため、とても住めた状態ではありませんでしたが、空き家になった当初は、母が玄関先やトイレのリフォームをしていたこともあり、とてもきれいな状態でした。しっかりと維持していれば、そこで暮らしたいと考える人もいたのではないかと、今は思います。

親の実家をチェックし「建物はしっかりしている」と判断するのであれば、建物に価値を求めても良いかと思います。せっかく親が大切にしてきた家なのですから。

建物の価値が高いことを証明する

ただし、写真を撮って「きれいです！」とアピールするだけでは、買い主の不安を取り除くことはできません。建物は表面上はきれいに見えても、中身は、シロアリに食われていたりするケースも多いからです。

では、買い手の不安を払拭するには、どうしたらいいのでしょうか。建物の価値が高いことを証明すればいいのです。**具体的には「インスペクション」「瑕疵《かし》保険」「住宅履歴情報」を実践**します。

①インスペクション

住宅に精通した専門家であるインスペクター（検査士＝主に建築士）による建物の健康診断のこと。第三者の目によって、建物の欠陥の有無、劣化状態、リフォームの必要性などをチェックします。欧米では常識になっているサービスで、日本でも徐々に浸透してきています。

インスペクションは、対応している設計事務所などに申し込みます。そして、依頼者立ち会いのもとで検査を行います。

例えば、一戸建てであれば「基礎に鉄筋は配してあるか」「シロアリ被害はないか」「基礎工事の内容は」などをチェックしていきます。

インスペクションの結果、重大な欠陥が明らかになった場合は、リフォームをするのも一つの選択肢ですが、親の家であれば、「それならば、建物に価値を求めない」と判断するのもいいでしょう。数百万円かけてリフォームして販売するのは、リスクが高いからです。

②瑕疵保険

新築の物件は、ハウスメーカーや施工会社が10年間の瑕疵担保保証を付けることが義務化されています。また中古の建物でも、売り主が不動産仲介業者の場合、2年間の保証が付きます。

保険の内容は、もしその期間中に瑕疵（欠陥）が判明した場合、売り主が責任を負うことになるというものです。

しかしながら、**中古住宅で売り主が個人の場合、この保険を付けるかどうかは、当事者間で決めることになります。現状では「瑕疵担保免責」（保証なし）が大半**です。

既存住宅売買瑕疵保険に加入する

親の家は、多くの場合、建築年数がかなり経過しています。保証なしでは、買い主は不安を覚えるものです。そこで活用したいのが「既存住宅売買瑕疵保険」です。この保険に加入すれば、販売後に瑕疵が見つかると、1000万円までの補修費用が最長5年間保証されます。

瑕疵保険に加入するには、専門の検査機関に検

[インスペクションと瑕疵保険の詳細]

親の家の価値が高いことを証明するには、具体的な証拠が必要になります。この2つの仕組みを活用しましょう。

インスペクション

申し込み先	インスペクターのいる設計事務所に申し込みます。NPO法人「ホームインスペクターズ協会」のホームページ(https://www.jshi.org/)から、インスペクターを検索できます。
実施方法	検査日時を決め、依頼者立ち合いのもとで検査を実施。屋根、外壁、室内など、建物のあらゆる部分の現状を目視で診断。所要時間は30坪程度で、2〜3時間。
チェック箇所	床下を目視し「基礎工事はベタ基礎か布基礎か」「基礎に鉄筋は配してあるか」「木部の腐食はないか」etc.
費用	目視の診断は5〜10万円程度。

瑕疵保険

申し込み先	国土交通大臣が指定した「住宅瑕疵担保責任保険法人」に申し込みます。「一般社団法人 住宅瑕疵担保責任保険協会」のホームページ(https://www.kashihoken.or.jp)で検索できます。
実施方法	まずは検査を実施して、建物の状況を調べます。所要時間は1〜2時間。数日後、検査結果が送られ、瑕疵保険に加入OKかが決まります。
チェック箇所	「基礎のひび割れや欠損の状況」「外壁の防水措置の状況」「屋根裏の状況」etc.
費用	保険料は4〜8万円程度。

査をしてもらうことが必要です。補修すべき箇所があったら補修をする必要があります。

③住宅履歴情報

住宅履歴とは、住宅の設計、性能、施工、維持管理、メンテナンスに関する情報のこと。これらを明らかにしておけば、「いつ、誰が、どのように設計・施工したか」「どんな修繕、改修・リフォームを行ったか」など、住宅の素性を知ることができます。

住宅履歴は、クルマでいえば「車検証」や「整備記録」のようなものです。整備記録がなければ、中古のクルマは買わないですよね。しかしながら、クルマよりも高い住宅については、こうした履歴情報の告知が徹底されていないのです。

現状では「長期優良住宅」の認定を受けた住宅は、住宅履歴の保存が義務づけられていますが、それ以外は、なくてもＯＫなのです。

逆に言えば、住宅履歴情報があれば、中古物件の信頼度はグッとアップするわけです。

住宅履歴情報は書類集めが必須

新築段階でいえば、戸建てなら、建築確認に関する書類、新築時の各種図面や書類、マンションなら、建築確認書類や図面、マンション管理組合の規約や長期修繕計画などになります。そのほか、維持管理段階の情報（リフォームや改修をしたときの書類、図面など）もそろえます。

こうして集めた情報を、**不動産会社などの住宅履歴情報サービス機関に渡して、データ化**しても

［住宅履歴情報に登録する］

住宅履歴を明らかにしていれば、買う側は「どんな修繕、改修・リフォームを行ったか」などが一目瞭然となり、安心できます。

step1

住宅の情報収集をする

①新築段階の情報

建築確認に関する書類、住宅性能評価書、新築時の各種図面や書類、マンションなら、建築確認書類や図面、マンション管理組合の規約や長期修繕計画など。

②維持管理の情報

維持管理計画書、点検・診断の際の書類、修繕工事を行った際や、改修・リフォームを行った際の書類・図面・写真など。

step2

住宅履歴情報サービス機関に登録

不動産会社や設計事務所の住宅履歴情報サービス機関に渡して、データ化してもらいます。費用は、年間数千円程度から。

らいます。

自分のできる範囲内で価値を高める

ここで紹介した**「インスペクション」「瑕疵保険」「住宅履歴情報」を全部利用しても、かかる費用は10～15万円程度**です。実際に、**通常ならばゼロ査定とされる築20年の木造住宅に、800万円の価格を付けて売れた例がある**そうです。200～300万円の値がつくことは、それほど珍しいことではありません。

ただし、親の家を売る場合は「住宅履歴情報」の収集は難しいかもしれません。インスペクションと瑕疵保険の二つを利用するなど、自分ができる範囲内で、建物の価値を上げるようにすればいいと思います。

4-7

親の家は、更地にしないで売るのが基本

私の親の家の外観は、「昭和に建てた」と誰もが思う状態でした。本書では、木造の建物は「雨漏り」や「シロアリ被害」がなければ、70～80年はもっと触れてきましたが、**見た目が古いと、「更地にしたほうが……」と思いがち**です。

私の実家の隣の家の幼なじみは、私よりも2年前に家を売りに出しました。その際、選択したのは「更地にして売る」でした。しかしながら2年間、売れないまま、ただ時だけが経過しました。

この場合、**大きなデメリットが発生します。不動産の「固定資産税」と「都市計画税」の「住宅用地の特例」が受けられなくなってしまう**のです（48ページ参照）。

周囲の状況を見て、戦略を立てる

また、**周辺エリアの売り出し状況によっても、更地にすると不利になる**ことがあります。別の友人は、茨城県取手市の親の家を売却したのですが、不動産仲介業者から「家はきれいに維持されているので更地にしないほうがいい」と言われました。

当時、周囲には「更地状態の土地」が複数売りに出されており、供給過多で、さらに駅に近いエ

郵　便　は　が　き

料金受取人払郵便

豊島局承認

4482

差出有効期間
2025年10月
31日まで

●上記期限まで
切手不要です。

170-8790

333

東京都豊島区高田3-10-11

自由国民社

愛読者カード　係 行

住所	〒□□□-□□□□　都道府県　市郡(区)			
	アパート・マンション等、名称・部屋番号もお書きください。			
氏名	フリガナ	電話	市外局番　市内局番（　）番号	
		年齢	歳	
E-mail				

どちらでお求めいただけましたか？

書店名（　　　）

インターネット　1．アマゾン　2．楽天　3．bookfan
4．自由国民社ホームページから
5．その他（　　　）

ご記入いただいたご住所等の個人情報は、自由国民社からの各種ご案内・連絡・お知らせにのみ利用いたします。いかなる第三者に個人情報を提供することはございません。

『親の家を売る。』を
ご購読いただき、誠にありがとうございました。
下記のアンケートにお答えいただければ幸いです。

●本書を、どのようにしてお知りになりましたか。

□新聞広告で（紙名：　　　　　　　　　新聞）
□書店で実物を見て（書店名：　　　　　　　　　）
□インターネットで（サイト名：　　　　　　　　　）
□人にすすめられて　□その他（　　　　　　　　　）

●本書のご感想をお聞かせください。

※お客様のコメントを新聞広告等でご紹介してもよろしいですか？
（お名前は掲載いたしません）　□はい　□いいえ

ご協力いただき、誠にありがとうございました。
お客様の個人情報ならびにご意見・ご感想を、
許可なく編集・営業資料以外に使用することはございません。

[更地にする3つのデメリット]

親の家を更地にして売りに出すと、買う側は「住みたい家のイメージ」が浮かびやすい面はあります。しかし、デメリットも多いのです。

デメリット1
固定資産税などの税金が高くなる

家屋付きの土地だと、200㎡までの小規模住宅用地であれば、固定資産税が6分の1、都市計画税が3分の1に減額されます。更地になると、この特例が受けられません。

デメリット2
中古物件を求める層を手放すことに

新築ではなく、中古物件を求めている層は確実にいます。特に、周囲に更地の土地の売り出しがある場合は、あえて更地にしないほうが売れる可能性もあるのです。

デメリット3
高額な解体費用がかかる

木造の建物を解体し、整地をするまでの費用は、2階建て4LDK、30坪程度であれば、建坪1坪あたり3～4万円で、総額90～120万円程度かかります。

リアは新興住宅地になっていたため、中古物件を求める層にターゲットをしぼるべきだとアドバイスされたのです。友人の実家は、すぐに別の不動産仲介業者が購入し、リフォームして売りに出されたそうです。一方、更地状態の土地は、その後長く売れなかったとのことです。

解体費用を考慮し、家屋付きで売る

私のケースでいえば、買い主の解体費用を考慮した価格設定にして、家屋付きで売りに出しました。その結果、1か月後に売ることができました。

親の家を売る場合は、特別な事情がない限り、「じっくり売ることができる」という大きな特徴があります。税金面も考慮し、家屋付きで売るのが基本といえるのです。

4-8

親の家の売却にともなって発生する費用を把握する

不動産を購入する際は、物件価格の1割程度の諸費用がかかることは、よく知られています。では、売却となると、どのくらいの費用が発生するのでしょうか。

まず大きくかかるのは、**不動産仲介業者に支払う「仲介手数料」**です。計算式は左ページのとおりです。私の場合は、650万円で売ったので、28万5000円でした。

隣地との「確定測量」の費用もかかります。不動産仲介業者経由で測量士に依頼して、私の場合で、42万円かかりました。

また、**親の家を売却するには、親から子供に登記の変更をする必要があります。この登記費用の計算式は「不動産の課税価額×1000分の4」となります。**

登記を司法書士に頼むと費用が高くなる

私の場合、課税価額は713万1000円だったので、2万8500円でした。登記を司法書士に依頼すると、土地と建物のみで5万円程度かかります。ちなみに、山林や田などが計24か所あった妻の父から義母への登記変更は、司法書士に頼

［中古住宅の売却にともない発生する主な費用］

親の家を売ると、じつにさまざまな費用が発生します。ここで紹介するのは、その中でも費用が高めになるものです。

仲介手数料 売却を依頼した不動産仲介業者に支払う費用。計算式は一律。

計算式 物件価格×３％＋６万円＋消費税

確定測量 隣地との「確定測量」の費用。30〜50万円が相場です。

登記変更 親の家を売る子供に名義変更をする費用。司法書士に頼めば、さらに費用がかかります。

計算式 不動産の課税価額×1000分の４

譲渡所得税 売却した年度の確定申告時に発生する費用。かなり高めになります。

片づけ費用 一般廃棄物処理業者に依頼します。値段は10〜50万円程度。

み、相続税申告も含めて14万円かかりました。

また、**意外にかかるのが「部屋を空っぽにする費用」**です。基本的には一般廃棄物処理業者に依頼しますが、53ページで触れたように、その値段はピンキリです。私は知人の骨董品屋さんに協力してもらい、35万円に抑えることができました。

譲渡所得税はかなり高い

そして、**譲渡所得税**です。詳しくは5章で触れますが、私の場合で、約82万円です。さらに所得が増したことで、**住民税や健康保険料もアップ**します。

いかがでしょうか？　けっこうかかりますよね。こうした費用も念頭におきながら、親の家を売っていくことが大切になります。

4-9

内覧にそそなえて、屋内・屋外をきれいにする

空き家になった親の家をきれいに保つには、屋内・屋外の維持管理をしっかり行うことがポイントになると、2章でお伝えしました。

そのことを守っていれば、親の家を売る段階になっても、屋内は、湿気もニオイもある程度抑えることができます。屋外についても、雑草がボーボーの状態ではなく、人が住んでいるような状態を保てているでしょう。とはいえ、家を売る際は、これで満足していてはダメです。

内覧希望者に「買いたい！」と思ってもらえるように、親の家をできる限り磨き上げましょう。

内覧に来た見込み客は、部屋の中を、将来の生活をイメージしながら見学します。荷物や家具などが残っていると、自分たちが暮らしている様子を思い描くことが難しくなります。そこでまずは、**家を空っぽにします。そのうえで、隅々まできれいにしていきます。**

水まわりは清潔感を出すようにする

私の友人は、マンションの売却時、仲介業者の担当者から「自分が住みたいと思える状態を目指しましょう」と言われました。もともと掃除が好

［屋内・屋外のチェックポイント］

建物にも価値があると判断したら、内覧に来た見込み客が「買いたい！」と思うように、家をきれいにしていきましょう。

①湿気は大丈夫か？

換気をしっかり行い、湿気のない部屋を目指します。内覧前は、窓を全開にしましょう。

②ニオイはないか？

排水溝や水まわりからのニオイがないかを確認します。59ページを参考にしてください。

③部屋は空っぽか？

住み替えと違って、親の家の場合は、部屋を空っぽにするのは、やりやすいでしょう。

④部屋の隅々まできれいにする

掃除機や雑巾、カビ取り剤などを使って、ピカピカに磨き上げましょう。

⑤雑草を徹底排除する

雑草がまったくない状態を目指しましょう。庭木もちゃんと手入れをすること。

⑥リフォームをするか否か？

不動産仲介業者の担当と話し合って、リフォームをするか慎重に決めます。

きな友人は、1週間かけてピカピカの状態にしました。**特に水まわり（キッチン、風呂、トイレなど）は、清潔感を出す**ように磨き上げたそうです。内覧に来た見込み客は即決しました。

一戸建ての場合は、庭にも注意が必要です。普段から雑草取りをしていたとしても、それでも完璧ではないと思います。**業者などを使って、一切の雑草を刈り取りましょう。**

リフォームは慎重に考える

では、畳の入れ替えなどの内部リフォームはすべきでしょうか。**ポイントは、リフォームした結果、売却価格のアップが見込めるか、です。**不動産仲介業者の担当と話し合って、リフォームの有無を慎重に決めてください。

4-10

親の家の売却の流れをつかむ

私は不動産の売却経験がまったくないなかで、しかも事前の勉強もせずに、親の家を売ることになりました。そのため「不動産仲介業者にアポイントを取る」しか思い浮かばない状態でした。その結果、「売り出し価格って？」「瑕疵担保責任って？」「物件状況報告書って？」といった具合に、手探り状態で、物事は進んでいきました。

いま振り返ると、もう少し勉強してから親の家の売却に挑むべきだったと反省しています。

今回、本書をまとめるにあたり、さまざまな取材を進めた結果、**不動産仲介業者の中には、売り主に寄り添わず、自社の都合のいいように売りさばくケースもある**ことを知りました。

売却までの段取りを知っておく

そうならないためにも、まずは、親の家を売るときの流れをつかんでおくことが大切です。**どのような段取りで、不動産の売買は進められていくのかがわかると、不動産仲介業者と対等に付き合っていけるようになるからです。**

最初のステップは、売るタイミングの見極めです。親の家のエリアに他の売り物件がないかなど

[親の家を売るための流れ]

親の家は、不動産仲介業者を通じて、どのように売却されていくのでしょうか。その流れをここでつかみましょう。

①親の家の相場を調べる

親の家の売却を決めたら、不動産情報サイトなどで、似た物件の売り出し価格や成約価格をチェックしていきます。

②複数の不動産仲介業者に簡易査定を求める

不動産仲介業者に簡易査定をしてもらいます。査定は1社だけでなく、複数の業者に求めましょう。

③訪問査定をしてもらう

不動産仲介業者を数社程度にしぼり込み、訪問査定をしてもらいます。初めて担当者と対面する機会になります。

④契約する不動産仲介業者を決める

訪問査定してもらった業者の中から1社を選んで媒介契約を結びます。知識や人柄などをチェックします。

⑤売り出し価格を決定する

不動産仲介業者と、今後の販売戦略などを話し合い、売り出し価格を決定していきます。価格の決定権は売り主にあります。

⑥室内外をきれいにしておく

中古住宅を販売する場合、購入希望者に家の中を見てもらう見学会が行われます。そのときに備え、室内外をきれいにしておきます。

⑦登記変更などを行う

親から子供へ登記変更をまだ行っていない場合は、すぐに登記変更を行います。完了していないと家を売ることはできません。

⑧不動産仲介業者が販売活動を開始する

不動産仲介業者がかかえている顧客リストやレインズ、広告宣伝などを通じて、買い手を見つけていきます。

⑨購入希望者が現れる

不動産仲介業者から「申し込みが入っています」「内覧希望が入っています」などの連絡が入ります。買い主が決まったら、売買契約を結びます。

をチェックします（122ページ参照）。

売却するベストなタイミングだと思ったら、親の家の相場を調べます。SUUMOなど不動産情報サイトで、親の家のエリアで、似た物件の売り出し価格や成約価格を参考にしていきます。

なお、**親の家の相場は、家を維持している段階で、定期的に調べておくことをオススメします。いざ売るタイミングがきたときに、似た物件が売りに出されていない可能性もある**からです。

複数の不動産仲介業者に簡易査定を出す

続いて、**不動産仲介業者に簡易査定を求めます。**

査定は、基本的に無料で受けられますので、1社だけでなく、複数の業者に求めるようにします。ネットの一括査定サービスを利用すれば良いでしょう。ただし、簡易査定は周囲の取引実績から金額を出しているので、あくまでも"目安"となります。

その後、**簡易査定を頼んだ不動産仲介業者から数社程度にしぼり込み、訪問査定をしてもらいます。ここで初めて担当者に会うことになります。**

実際に物件や周囲の状況をチェックし、売り出し価格の目安となる査定価格を出してもらいます。

すべての業者との訪問査定が終わったら、その中から1社を選んで媒介契約を結びます。その際は「**査定額が一番高い＝良い不動産仲介業者」とは決め付けない**こと。相場よりも高い査定額を付けるのは、単に契約を結びたいだけの可能性もあります。担当者の人柄や建物に対する正しい評価、販売戦略など、さまざまな視点から選ぶことが大切になります（148ページ参照）。

登記変更は売り主自身が行う

1社を選んだら、今後の販売戦略などを話し合い、売り出し価格を最終的に決定します。この価格の決定権は、当然、売り主にあります。

この動きと並行して、親から子供への登記変更（5章参照）など、売り主自身が行うこともあります。不動産仲介業者を通して、測量なども行っていきます。

また、建物に価値がある場合は、購入希望者に家の中を見てもらう内覧が行われます。そのときは部屋の中をきれいにしておく工夫が必要です。

媒介契約を結んだら、不動産仲介業者による販売活動がスタートします。自社が持つ顧客リストやレインズ（151ページ参照）、広告宣伝などを通じて、買い手を見つけていきます。1か月程度経過し、買い手が見つからない場合は、売り出し価格の見直しなどを行うこともあります。

買い主が決まったら売買契約を結ぶ

不動産仲介業者から「申し込みが入っています」などの連絡が入ります。そして**買い主が決まったら、不動産会社から「購入申込書」が届き、売買契約の段取りを進めます。**

その後、売り主は「物件状況報告書」や「付帯設備表」を提出し、建物の状況や設備の内容を報告します。最終的に問題がないと買い主が判断すれば、売買契約を結びます。

以上が一般的な不動産売却の流れになります。

4-11

親の家の相場の価格をチェックする

不動産の価格は需要と供給のバランスで決まります。神奈川県の葉山町に住む友人は2022年に、6年前に買った家を、購入当時の額よりも900万円高い価格で売却しました。コロナ禍によるリモートワークの普及により、湘南界隈の土地が高騰したためです。その情報をつかんでいた友人は、不動産仲介業者と話し合い、高めの値段設定をして売り切ったのです。

親の家をできるだけ高く売るためには、このように、周辺エリアの相場をあらかじめチェックすることが大切です。「不動産仲介業者にまかせればいいのでは？」と思うかもしれませんが、そうなると相手の言いなり価格になってしまいます。早く売りたいために、相場よりも安い価格を提示することもあり得るのです。

不動産情報サイトでチェック

親の家の相場を知るための一番の方法は、SUUMOなど不動産情報サイトで、親の家の周辺エリアでの、似た物件の売り出し価格をチェックすることです。

私のケースでいえば、隣の家が更地にして売り

［不動産の相場の調べ方］

不動産仲介業者と契約する前に、親の家の相場を知っておくと、売り主にとって優位に物事が進められるようになります。相場のつかみ方を紹介します。

①現在の売り出し価格

今現在、親の家の周辺エリアでは、どんな物件がどんな価格で売り出されているかをチェック。不動産情報サイトで調べます。

SUUMOの「地図から探す」が便利。著者の親の家の周辺では、2軒の売り出し物件があるのがわかります。クリックして売り出し価格などをチェックします。

②実際の取引事例

「土地総合情報システム」で過去にいくらで売買されたのかをチェックします。近々の時期から調べることが大切になります。

所在地	地域	最寄駅 名称	最寄駅 距離	取引総額	土地 面積	土地 形状	建物 延床面積	建物 建築年
所沢市 大字松郷	住宅地	東所沢	24分	650万円	80m²	長方形	65m²	昭和49年

土地総合情報システム
https://www.land.mlit.go.jp/webland/

著者の親の家の成約情報です。取引総額、建築年、土地の形状、前面道路、建ぺい率など、あらゆる情報をつかむことができます。

出されていて、土地の面積も同じくらいだったため、その額は大いに参考になりました。

実際の取引事例も調べる

続いて、実際の取引事例をチェックします。**国土交通省が運営するサイト「土地総合情報システム」内の「不動産取引価格情報検索」を使えば、成約時期や地域から、親の家の周辺エリアの成約結果を確認することができます。**取引総額、土地面積・形状、建物面積、建築年、構造などを知ることができます。私の実家でいえば「取引総額650万円、土地面積80㎡、建築年昭和49年」と掲載されていました。

このように現在の売り出し物件や取引事例を参考にしながら、親の家の相場をつかみましょう。

4-12

土地や建物の価値は千差万別であることを理解する

親の家の相場をつかむ際、認識しておきたいのは、まったく同じ条件の土地は存在しないということです。３章で土地の評価額の出し方を紹介しましたが、間口が狭かったり、奥行が長いと、評価は下がります。私の親の家は、行き止まりの私道にあったため、周辺エリアよりも評価は低めでした。これと同じように、**実際の売買でも、その土地の条件によって価格は上下します。**

私の親の家は、すでに売り出されていた隣の土地とほぼ同じ面積だったため、その売り出し価格を参考に、相場をつかみました。しかし契約した不動産仲介業者から「隣の土地は裏が工場のため、もう少し安くなる可能性もある」とアドバイスを受けました。そして実際に、私の親の家は建物付きで６５０万円で売れましたが、隣の土地はそれよりも安価になりました。

旗竿地《はたざおち》の土地は価値が下がりがち

知人は「旗竿地」（細い路地を通った先にある奥まった土地のこと）の土地を売却しましたが、隣の四角形の土地よりも10坪広かったものの、査定額は、隣の土地よりもかなり安かったといいま

［土地の特性で評価が変わる］

親の土地は、評価が高くなるのか、低くなるのか。土地の売り値を決める要素は多種多様ですが、立地、隣接道路、形状は大きなポイントになります。

①立地

親の家は、どんなエリアに建っているのか。駅近であれば、当然、評価は高くなります。近くに工場があれば、マイナスポイントになる可能性もあります。

チェックポイント

都市部、駅近、工場隣接、高圧線、etc.

②隣接道路

2つの道路が面する場合は、利便性が高いと評価される可能性があります。逆に、行き止まりや私道の場合は、マイナス評価される可能性もあります。

チェックポイント

私道、2つの道路、1つの道路、行き止まり、etc.

③形状

正方形や長方形といったきれいな形の土地は評価が高くなります。一方、いびつな形や旗竿地は、評価が低くなる可能性が高いといえます。

チェックポイント

正方形、長方形、三角、旗竿地、etc.

す。知人は不満に思い、隣の土地の値段で売り出しましたが、売れなかったそうです。

土地だけでなく、建物の相場をつかむことも難しい。 築20年でも、きれいに維持している場合とそうでない場合、価値は変わります。しかし、それを価格に表すことは容易ではありません。

不動産仲介業者の情報も参考にする

不動産仲介業者と契約を結ぶと、業者は物件の状態を詳しく記載した物件情報を載せた報告書を売り主に開示します。

自分が考える相場を大事にしつつ、これらの情報もしっかり受け止めて、適正価格をつかむようにしましょう。それゆえ、不動産仲介業者選びは大切なのです。

4 - 13

親の家を売る不動産仲介業者は「大手」がいいとは限らない

親の家の売却を決断した人が初めて不動産仲介業者と対面するのは、その多くが訪問査定時となります。 机上査定額などから、2~3社の不動産仲介業者を選び、対面するのが一般的です。

査定額が異常に高いところは要注意

では、その中から、どの業者と契約を結べばいいのか？ まず **「査定額が高い業者」という思い込みは危険**です。仲介業者の中には、売れるはずもない高い査定額を提示するケースもあるからです。そうやって顧客を確保し、のちに「売れませんでした」と、一気に値下げを持ちかけてくるのです。この手法を業界用語で「値こなし」といいます。

査定前に自分で相場を知っておくのは、この「値こなし」に騙されないため、ともいえるのです。**まずは、相場に合った査定を出す業者を選ぶことが鉄則**です。

現在、日本には約12万社の不動産仲介業者があり、その規模としては、大手、中堅、中小に分かれます。査定額が同じ程度であれば、多くの人は「信頼できる大手にしよう」と思うはずです。大

[親の家は売りにくい]

新築や築浅の物件に比べ、売る際に圧倒的に不利になるのが、築年数が経っている物件です。まずはそのことを理解しましょう。

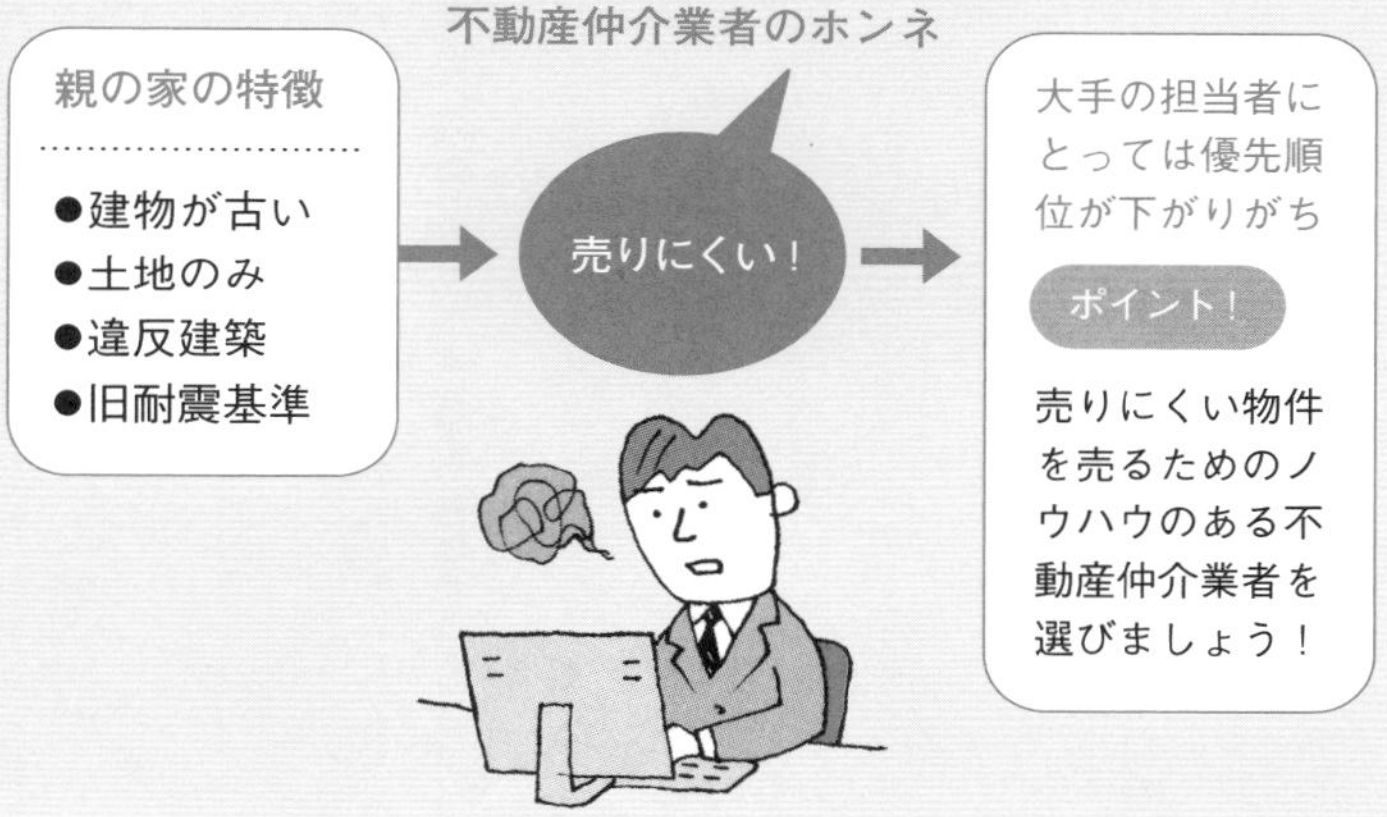
不動産仲介業者のホンネ
親の家の特徴
●建物が古い
●土地のみ
●違反建築
●旧耐震基準
売りにくい！
大手の担当者にとっては優先順位が下がりがち
ポイント！
売りにくい物件を売るためのノウハウのある不動産仲介業者を選びましょう！

手の担当者も「うちは多くのお客様をかかえていますから」と期待をもたせる発言をします。

大手の担当者は複数の物件をかかえている

しかしながら、大手の場合、1人の担当者が常時10～20物件の売却を受け持っています。彼らは数字を出さなければならないため、「売りにくい物件」は、どうしてもあとまわしになりがちです。

ここで念頭に置きたいのは、みなさんは親の家――つまり、古い建物、あるいは土地を売るということです。希少価値があるなど、魅力のある物件である場合を除き、**不動産仲介業者にとっては、新築や築浅物件よりも、売りにくい案件なのです。規模にこだわらず、その売りにくい案件を、売るための戦略のある会社を選ぶことが大切**なのです。

4-14

親の家を売るための戦略を立てられる不動産仲介業者を選ぶ

親の家を売る場合は、大きく分けて「家屋付きで売る」と「土地のみで売る」の2択になります。不動産仲介業者の担当者と対面したときに**「では、どうやって売るのか」についての戦略がない場合は、契約を結ばないほうが無難**です。

家屋付きで売りたい場合、売るアイデアがない担当者は「家屋付き＝土地値」と決め付けてきます。土地値とは、建物の価値はゼロで、土地代金分の価格しか付けられないという意味です。不動産業界では「築20年で木造住宅の価値はゼロ」という認識が根強いからです。しかし、親の家をチェックして「きれいだから住める」と判断したのであれば、土地値を受け入れる必要はありません。

ちゃんと助言をくれる業者を選ぶ

家屋をチェックし、インスペクションや瑕疵保険を付けるようにアドバイスしてくれたり、「トイレをリフォームすれば、売れます」などと助言してくれる不動産仲介業者を選ぶことが大切です。

私のケースでいえば、大手と中小の不動産仲介業者と対面し、中小と契約をしました。決め手になったのは、「隣の売り出し中の土地とともに購

［信頼できる不動産仲介業者の見極め方］

ダメな業者と契約してしまっては、満足のゆく売り方は難しくなります。信頼できる不動産仲介業者の見極め方を紹介します。

①瑕疵保険などに詳しいか？
瑕疵保険、インスペクション、住宅履歴について、知識に明るいか？

②周辺エリアの状況に詳しいか？
周囲は更地が多いなど、周辺エリアの今の状況をつかんでいるか？

③建築プランの提案ができるか？
土地のみを売る場合、工務店とつなぐなどの行為をしてくれるか？

④相場に合った査定額か？
査定額が異常に高い、異常に安いといったことはないか？

⑤売り急ぎしないか？
根拠もなく「今が売りどきです」などと言っていないか？

⑥広告を打ってくれるか？
SUUMO、HOME'Sなどの不動産情報サイトに登録してもらえるか？

入するお客様はいる」という意見でした。親の家周辺は、狭い住宅が多いため、大きめの土地を探している業者や個人客に働きかける、という話だったのです。結論から言えば、実際にそのとおりになりました。

大手でも親身に対応する担当者はいる

ただし「大手＝NG」というわけでは決してありません。１３２ページで触れましたが、私の友人は大手不動産仲介業者から「周辺は更地が多いから、家屋付きで売るべき。買う層はいます」とアドバイスを受け、売ることができました。

上に、信頼できる不動産仲介業者の見極めポイントを載せました。担当者と対面したときに、ぜひチェックしてみましょう。

4-15 媒介契約の「一般媒介契約」はデメリットばかり

不動産の売却を不動産仲介業者に委託するときは「媒介契約」を結ぶ必要があります。

媒介契約には三つの種類がある

一般媒介契約は、売り主が複数の不動産仲介業者に、同時に売却を依頼できる契約形態です。複数の会社に依頼できるため、間口が広がります。自分で購入者を探すこともできます。これを自己発見取引といいます。

専任媒介契約は、1社の不動産仲介業者にのみ依頼する契約形態です。売り主に対して、2週間に1回、現状報告をする義務があります。自己発見取引も認められます。

専属専任媒介契約は、専任媒介契約と同じで、1社にのみ依頼する契約です。売り主に対して、1週間に1回、現状報告をする義務があります。自己発見取引はできません。

では、親の家を売る場合、この三つのうち、どれを選べばいいのでしょうか。

一般媒介契約は、売り主にしてみれば、多数の不動産仲介業者に依頼できるため、売れる確率が高まりそうですが、仲介業者にしてみれば、まっ

［媒介契約は３種類ある］

不動産の売却を不動産仲介業者に委託するときは、媒介契約を結ぶ必要があります。この契約は３つの種類があります。

①一般媒介契約

売り主が複数の不動産仲介業者に、同時に売却を依頼できる契約形態。自分で購入者を探すこともできます。

②専任媒介契約

１社の不動産仲介業者にのみ依頼する契約形態。自分で購入者を探すこともできます。

③専属専任媒介契約

専任媒介契約と同じで、１社にのみ依頼する契約です。自分で購入者を探すことはできません。

たくメリットはありません。自社が頑張ってPRにつとめたとしても、他社に先を越されてしまったら手数料収入がまったく得られないからです。

レインズへの登録義務がない一般媒介契約

不動産を売るときは、1人でも多くの人の目に留まるようにすることが大事です。そこで不動産仲介業者が不動産情報を交換する場として、レインズ（国土交通大臣から指定を受けた不動産流通機構が運営するコンピュータネットワークシステム）が用意されています。ここに登録しないと、たとえ複数の業者と契約しても、不動産情報は広がっていきません。**一般媒介契約では、物件情報をレインズに登録する義務がなく、デメリットが多い**といえます。

4-16

1社が責任をもって販売する「専任媒介契約」を選ぶ

親の家を一生懸命売ってもらいたいのであれば「専任媒介契約」を選ぶべきです。私もこの契約を選びました。**専任媒介契約であれば、1社だけにまかせるため、広告宣伝に費用をかけるなど販売活動に力を入れてもらえます。**

レインズに登録することが義務

また、媒介契約から7営業日以内に、レインズに不動産情報を登録することが義務づけられており、広く告知することができます。

専任媒介契約では、2週間に1回、現状を売り主に報告する義務があります。私の場合は「今、問い合わせが2件入っています」といった報告がメールで入りました。そのメールへの返信で、疑問点や要望も伝えることもでき、とても助かりました。

なお、媒介契約の三つめである**「専属専任媒介契約」は、売り主に対する現状報告も週1回以上と、より力を入れてくれそうですが、自己発見取引ができないデメリットがあります。**

こうして見ていくと、**一番ベストなのは専任媒介契約**であることがわかると思います。148

[専任媒介契約のメリット]

3つの媒介契約のうち、なぜ「専任媒介契約」がベストなのでしょうか？
4つのメリットを紹介します。

①頑張って売ってくれる

複数の会社と契約すると、手数料収入が得られない可能性があり、力を入れてもらえません。

②広告宣伝に費用をかけられる

1社のみの契約のため、広告宣伝費に費用をかけるなど、積極的な販売活動をしてもらえます。

③自己発見取引ができる

親戚や近所の人が、直接売り主に「買いたい」と連絡してきたら、不動産仲介業者を通さずに売ることができます。

④2週間に1回、報告義務がある

「問い合わせが2件入っています」などの報告義務が定期的にあり、こちらの希望も伝えられます。

ページで紹介した信頼できる不動産仲介業者の見極め方をチェックし、業者を1社にしぼったら、専任媒介契約を選ぶことをオススメします。

業者との契約更新は基本と考える

専任媒介契約の有効期間は3か月以内と定められています。しかしながら、この期間内で売却先が決まらないことも多くあります。築浅物件ではない親の家であれば、なおさらです。この場合は、契約を更新するか決めることになります。

不動産仲介業者にとって一番避けたいのは、契約が更新されないことです。私は面談時に「半年間はおまかせするつもりです。お願いします」と一言添えました。そうすれば、担当者も頑張ろうという気持ちになるだろうと思ったのです。

4-17

頭の片隅に入れておきたい「両手取引」のこと

不動産仲介業者による仲介には、二つの取引方法があります。片手取引と両手取引です。**片手取引は、売り主側にA社、買い主側にB社と、それぞれに不動産仲介業者が付いているケースです。**

売り主から専任媒介契約で売却を依頼された不動産仲介業者A社は、レインズに物件情報を登録します。レインズは、不動産仲介業者しか閲覧することはできません。この情報を見た別の仲介業者B社が、自社の顧客にA社の物件情報を紹介し、購入します。

この取引の結果、A社は売り主から、一方B社は買い主から、それぞれ仲介手数料（売買価格の3％）を得ることができます。これが「片手取引」です。

二つの手数料を独占する業者は存在する

ところがこの二つの手数料を、A社が独占する方法があります。

売り主から売却依頼を受けた物件を、自社で探してきた顧客に売るのです。仲介業者は売り主と買い主の双方から、計6％の手数料をゲットできます。これが「両手取引」です。

[両手取引で不動産仲介業者は2倍儲かる]

不動産仲介業者の中で、両手取引を行っているケースは多くあります。片手取引よりも2倍儲かるからです。

2,000万円の物件の場合の仲介手数料

計算式　2,000万円×3％＋6万＝66万円(税別)

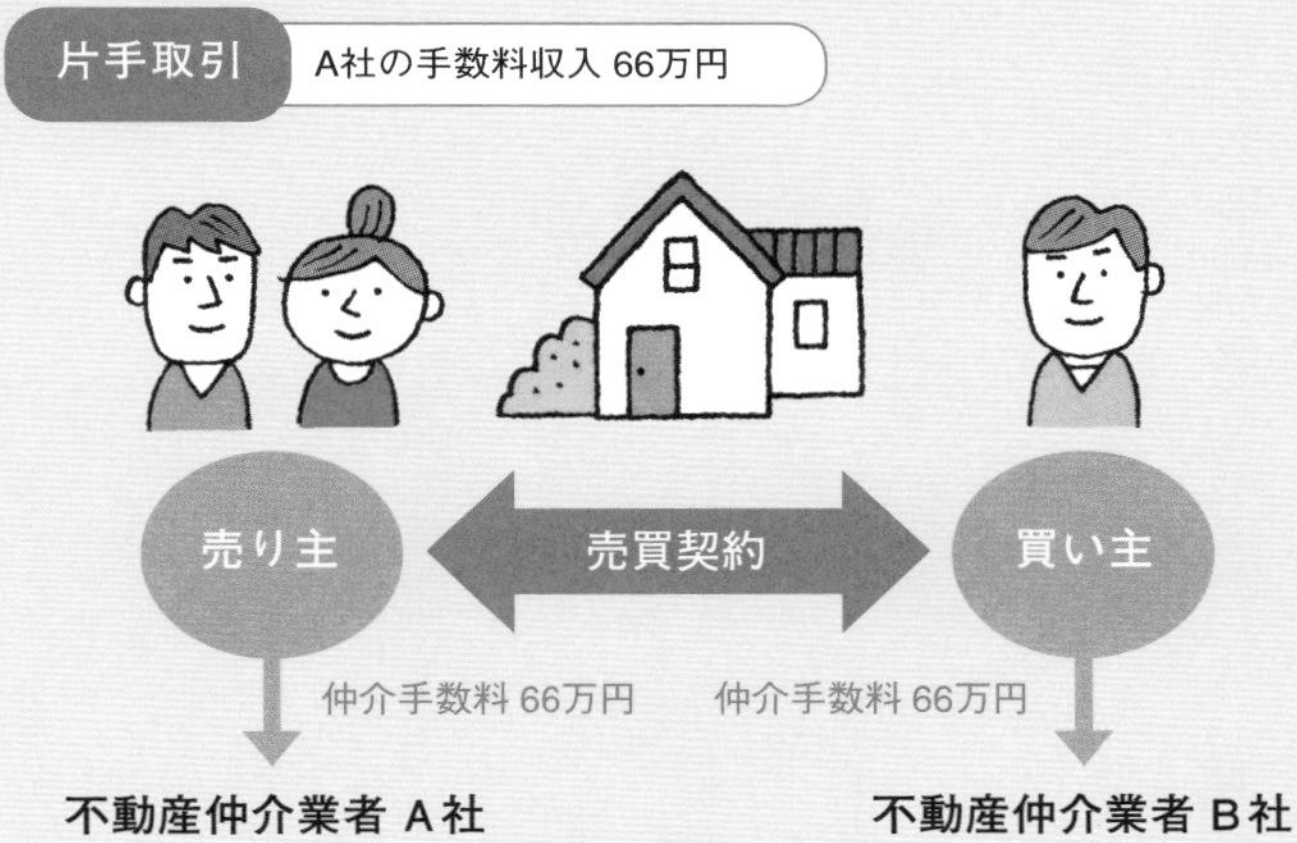
片手取引
A社の手数料収入 66万円
売り主
売買契約
買い主
仲介手数料 66万円
仲介手数料 66万円
不動産仲介業者 A社
不動産仲介業者 B社

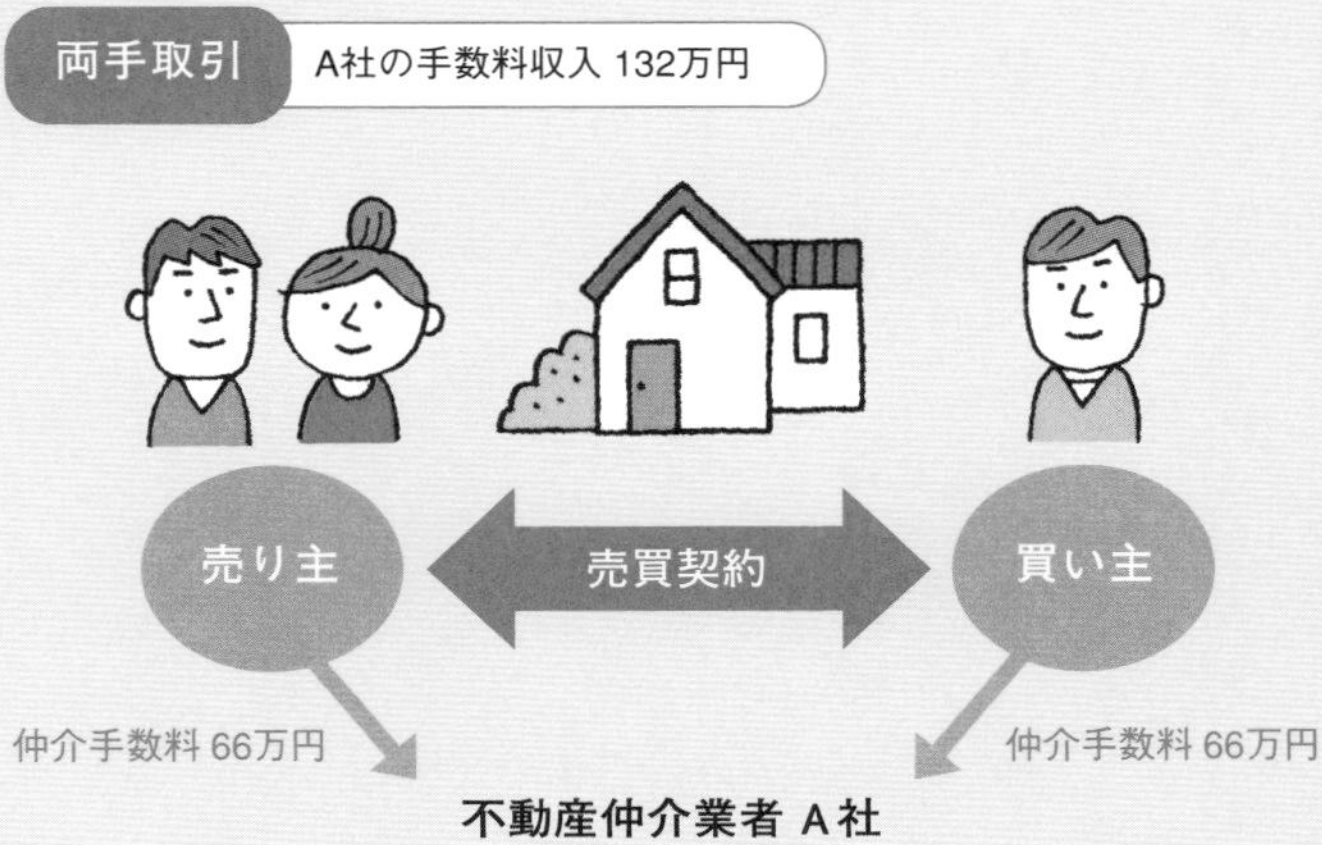
両手取引
A社の手数料収入 132万円
売り主
売買契約
買い主
仲介手数料 66万円
仲介手数料 66万円
不動産仲介業者 A社

この両手取引は、仲介業者にとって、とてもうまみのある取引だといえます。そして「いち早く買い手を見つけて、安く売ってしまおう」と思いがちな取引ともいえます。「数十万円安くても、両手取引なら手数料が多いから、早く売ってしまおう」と思うからです。両手取引は売り手側にとってデメリットとなる可能性のある仕組みだといえます。

両手取引は、海外の多くの国では、違法行為として明確に禁じられています。しかし日本では違法ではありません。

それどころか、いわゆる三大大手不動産会社の一つである会社などは、両手取引が50％を超えているという事実があるのです。

不動産関連の本には「両手取引の仲介業者は利用すべきではない」と書かれているケースも多いのです。

じつは私は、結果として「両手取引」で、親の家を売りました。「隣の土地と合わせて建て売りを考えている不動産会社に声をかける」と言われ、そのとおりになりました。しかしながら、この仲介業者が出した査定額は、私が事前に調べた相場に近く納得のゆくものでした。

両手取引＝悪、とは言いきれない

また、「**信頼できる不動産仲介業者の見極め方**」として、**SUUMOやHOME，Sなどの不動産情報サイトに登録してくれるところ、と148ページに紹介しましたが、これも結局は、両手取引**になります。

それだけに**「両手取引＝悪」と考えるのは、ちょっと強引**かと思います。面談時に「片手取引でお願いします」などと言えば、ＳＵＭＯなどに広告を打ってもらえなくなります。

とはいえ、**前述したように「安く売ってしまおう」と悪い知恵を働かせている業者が存在するのも事実です。**

その最たるものが「囲い込み」です。囲い込みとは、売り手と契約した物件を、他社に紹介しないこと。

レインズに登録されたＡ社の物件情報を見た仲介業者Ｃ社が、自社の顧客に紹介し、気に入ったとします。Ｃ社はその物件情報を上げたＡ社に問い合わせをしますが、Ａ社は「すでに商談中です」などと理由を付けて断るわけです。そして、自社の顧客に売ります。

囲い込みをされることで、売り主は、せっかく家を売却できるチャンスを逃すことになります。

確かに存在する不正業者

囲い込みは、不正行為ですが、取材を重ねるなかでわかったのは、やっている業者は存在するということでした。

しかし見抜くのは難しいといわざるを得ません。媒介契約は契約期間中であっても、いつでも無料で解除できます。まずは、**信頼できる仲介業者と契約するように努力し、そのうえで「すぐに値下げを提案された」「自分の顧客しか紹介しない」など、少しでも違和感を覚えたら、ほかの業者に切り替えていく——この見極めが大切です。**

4-18

最初はチャレンジ価格で売り出すのも戦略の一つ

不動産仲介業者に査定をしてもらうと、たいてい「900〜1000万円」といった具合に幅のある査定価格を提示されます。ここに自分の希望価格と照らし合わせて、実際に売り出す価格を決めます。

私のケースでいえば、不動産仲介業者の査定価格と自分の希望価格が同じくらいだったのですが、雑談時に「プラス200万円くらい上乗せは?」と聞きました。そうしたら「ほぼ同じ面積の隣の土地が売りに出されているので、その値段より高くしたら売れない可能性が高い」と言われました。

一方で、世田谷区のマンションを売った友人は、査定価格より50万円高い価格で売り出し、2週間後に売れました。同じマンションの売り物件がなかったからです。

売れたらいいなという価格を設定

不動産仲介業者に話を聞くと、競合物件がないときは「売れたらいいなという価格」で売り出すのは問題はないと言います。

競合がいる場合は、122ページで触れたように、競合物件がなくなるまで待つのも一つの戦

［3段階で価格を設定する］

査定価格が提示されたら、売り主自身が希望価格を考えて、実際に売り出す価格を決めていきます。その際は、3つの価格を設定するようにしましょう。

①売れたらいいなという価格

競合物件がない場合は、査定価格よりも少し上乗せしたチャレンジ価格で売り出すのもありです。しかし、競合物件がある場合は、あまり有効ではありません。

②おそらく売れるであろうという価格

査定価格や自分でチェックした相場に合った価格です。競合物件がある場合や、「売れたらいいなという価格」で売れなかったときに採用します。

③これ以上は下げられないという価格

土地は基本的に、下げれば売れます。しかし売り主にとって妥協できない価格はあるものです。あらかじめ設定しておきます。

略になります。

チャレンジ価格で勝負する場合は、「おそらく売れるであろう価格（適正価格）」も、不動産仲介業者と話し合っておきます。 1か月ほど市場の反応を見て、手応えがない場合は、早めに値下げをして、機会損失を防ぐ必要があるからです。

売れない場合は、出直す戦略もいい

また **「これ以上は下げられない価格」も決めておきます。** じつは、不動産仲介業者は「値段を下げれば、土地は売れる」と思っています。しかしながら、売り主にとっては「これ以上は下げられない価格」はあるものです。それを明確にしておけば、**「引っ越しシーズンに再チャレンジする」といったリベンジ戦略も取ることができます。**

4-19

売れない場合は、不動産買い取りや、空き家バンクを使う

私の家の近所で、築15年の家屋付き物件が4300万円で売り出されていましたが、半年経っても売れず、その後、不動産業者が購入し、リフォームして売りに出されたことがありました。その額、6200万円です。

このように、**買い手がつきにくい物件を不動産業者が直接購入する行為を「買い取り」といいます。買い取りは、仲介業者を通さないため、仲介手数料は発生しません。**

また、買い取り金額の交渉がまとまればすぐに現金が振り込まれます。瑕疵担保責任も負わずに済むため、売ったらそれでおしまいです。

買い取りは一般相場の60％程度になる

一見、買い取りは売る側にとって有効のように思えますが、一つ大きなデメリットがあるのです。**買い取り価格が安くなり、一般相場の60〜70％程度になってしまう**という点です。買い取りは、不動産会社にとってうまみのある取引なのです。

まずは、このことをしっかり認識してください。そのうえで、「近隣トラブルで早く売ってしまいたい」といった特別の事情があったり、仲介業者

［不動産買い取りと空き家バンク］

不動産仲介業者を通じて、親の家を売ろうとしても、買い手がまったく現れない場合は、以下の２つの方法での売却も１つの方法になります。

不動産会社買い取り

不動産会社に直接、売却する方法です。一般的な相場よりも60～70％程度安くなります。

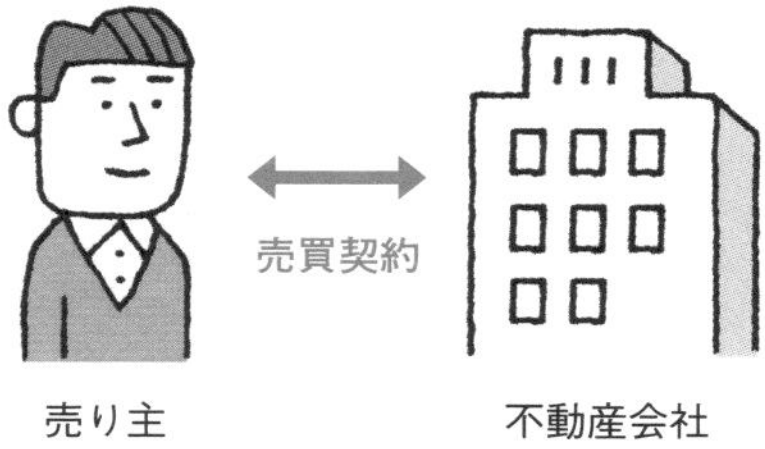
売買契約
売り主
不動産会社

空き家バンク

地方の場合は、自治体が実施している空き家バンクの制度を利用して売却するのも一手です。

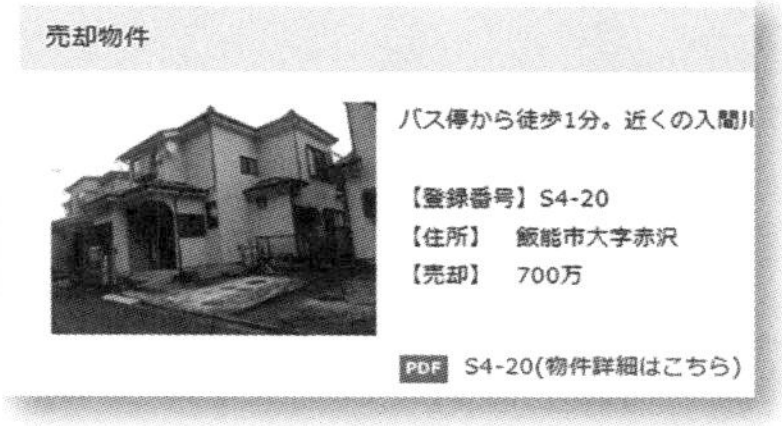
売却物件
バス停から徒歩1分。近くの入間川
【登録番号】 S4-20
【住所】 飯能市大字赤沢
【売却】 700万
PDF S4-20(物件詳細はこちら)

を通しても、どうしても売れないときに選択肢の一つとして考えましょう。

地方の場合は、空き家バンクの利用も

そのほか、**親の家が地方にある場合は「空き家バンク」に登録する方法もあります。**空き家バンクは自治体が実施している制度で、空き家の所有者と利用希望者のマッチングをします。自治体は物件の案内をするだけで、契約は当事者間で行うことになります。

自治体によっては、空き家を購入した人に補助金を支払うサービスを実施しています。親の家が該当地域だった場合、売れる可能性は高まるはずです。「空き家バンク」は、各自治体のホームページに、登録方法などが掲載されています。

4-20

購入希望者が現れると「不動産購入申込書」が届く

私の親の実家は2021年3月に売りに出し、一か月後に申し込みがありました。仲介業者からのメールに「不動産購入申込書」が添付されてきました。

そこには、買い主側の希望条件として「売買代金：650万円（手付金65万円）」「建物：現状のまま（買主様にて解体）」「室内のお荷物：売主様にて撤去」「測量、私道承諾：売主様にて実施のうえ引き渡し」といったことが書かれていました。

このように**不動産購入申込書には、買い主の希望価格のほか、他の条件も書かれています。一般的には「手付金の設定」「住宅ローン」「測量の実施」「引き渡し日」「更地渡し」などです。**

更地渡しなどの条件が書かれている

私のケースでいえば「更地渡し」ではなく「買い主解体」でした。事前に、仲介業者からは「建物の解体費用のための費用は売り主が持つ可能性もある」と聞かされていましたので、ラッキーでした。

少し焦ったのが「測量の実施」です。売買代金の支払い期日までに、測量を終えていないと契約

［不動産購入申込書に書かれている内容］

購入申込書には、買い主の希望価格以外にも、さまざまな希望条件が記入されています。納得がいかない場合は、買い主側と交渉することになります。

①手付金の額

売買契約後に手付金を放棄すれば、契約は解除できます。売買金額の１割程度が基本。手付金が少ないと、契約は不安定なものになります。

②住宅ローンの利用

住宅ローン審査は、事前審査と本審査の２段階があり、事前審査が通れば、ほぼ本審査は通ります。申込書を受け取った時点で、ローンの事前審査を受けていないとリスクが高いといえます。なお、ネット銀行の事前審査はあまり信用できません。

③測量の実施

戸建ての売買の契約にあたっては、測量の実施が必ず求められます。売り主がすることになります。

④引き渡し日

売り主が買い主に不動産を引き渡す日です。親の家の売買では、住み替えではないので、買い主の希望に合わせていいでしょう。

⑤更地渡し

売り主の費用負担で更地にしてから引き渡すことを条件にするケースがあります。

⑥瑕疵担保責任の期間

引き渡し後、決められた期間内に、建物や土地に買い主が知り得なかった瑕疵が発見された場合、売り主負担で修理する取り決めです。「物件状況報告書」によって取り決めます。

破棄になるからです。また「不動産登記」も、ギリギリで間に合いました。もっと早めに行動しておけば、よりスムーズだったと思いました。

申込書を吟味し、売るか否かを決める

不動産購入申込書が届き、売り主と買い主のあいだで、価格や条件が折り合えば、いよいよ売買契約に進みます。

私は「このまま空き家だと近隣に迷惑をかける」という気持ちがあったため、ある程度の値引きは受け入れるつもりでしたが、それもなく、解体費用も先方持ちだったため、姉と話し合い「この金額でＯＫ」と判断し、売ることに決めました。もちろん、売買代金に納得できなければ、見送ってもかまいません。

4-21 売り主と買い主が集合して売買契約をする

不動産購入申込書を受け取り、申込者への売却を決めたら、売買契約へと進みます。その際、**売り主は「物件状況報告書」や「付帯設備表」を提出して、建物や土地の状況、設備の内容を明らかにする必要があります。**

物件状況報告書は事前に入手する

私のケースでいえば、売買契約の数週間前に「物件状況報告書」が届き、土地や周辺環境などについて回答し、買い主に提出しました。「土地汚染の可能性」を「知らない」などと答えていくのです。

この「物件状況報告書」は、契約当日に手渡されて、その場で記入するケースもあるといいます。しかし、それは避けるべきです。

どのような瑕疵であれば、担保責任が生じるかは、物件状況報告書の内容によって変わります。そんな重要な意味をもつ報告書を、その場で適当に記入するのは、あまりにリスクがあります。**事前に受け取り、余裕をもって書くようにしてください。**

また、家屋付きの場合は「付帯設備表」も提出

［売買契約の際の必要書類］

売り主と買い主のあいだで、売買契約に進むと、どのような書類を取り交わすのでしょうか。主に2種類あります。

物件状況報告書

売買対象となる物件がどのような状態であるかを明確にする書類です。瑕疵担保責任にかかわるので、慎重に記入すること。

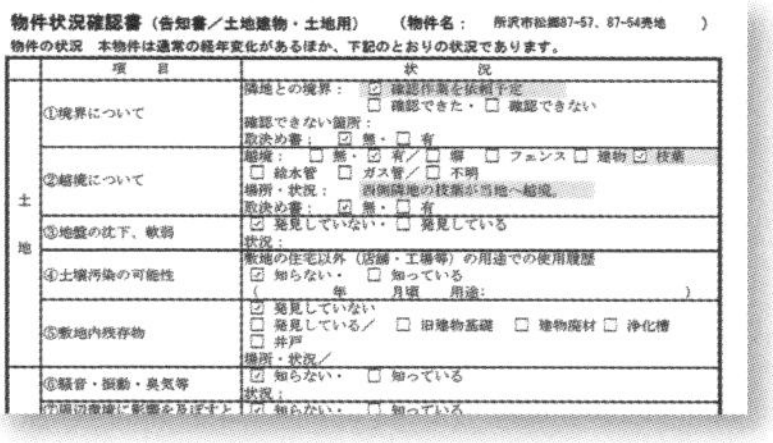

物件状況確認書（告知書／土地建物・土地用）　（物件名：所沢市松郷87-57、87-54売地　）
物件の状況　本物件は通常の経年変化があるほか、下記のとおりの状況であります。

	項目	状況
土地	①境界について	隣地との境界：☑ 確認作業を依頼予定 □ 確認できた・□ 確認できない 確認できない箇所： 取決め書：☑ 無・□ 有
	②越境について	越境：□ 無・☑ 有／□ 塀 □ フェンス □ 建物 ☑ 枝葉 □ 給水管 □ ガス管／□ 不明 場所・状況：西側隣地の枝葉が当地へ越境。 取決め書：☑ 無・□ 有
	③地盤の沈下、軟弱	☑ 発見していない・□ 発見している 状況：
	④土壌汚染の可能性	敷地の住宅以外（店舗・工場等）の用途での使用履歴 ☑ 知らない・□ 知っている （　年　月頃　用途：　）
	⑤敷地内残存物	☑ 発見していない □ 発見している／□ 旧建物基礎 □ 建物廃材 □ 浄化槽 □ 井戸 場所・状況／
	⑥騒音・振動・臭気等	☑ 知らない・□ 知っている 状況：

売買契約書

売買契約書を交わすと、基本的に解除はできません。事前に契約書を読み、納得したうえで、最終判断をしましょう。

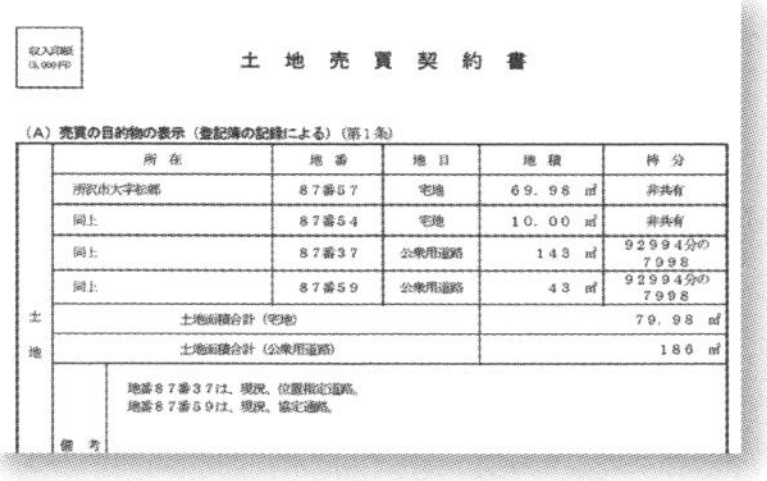

収入印紙（5,000円）

土地売買契約書

（A）売買の目的物の表示（登記簿の記録による）（第1条）

	所在	地番	地目	地積	持分
土地	所沢市大字松郷	87番57	宅地	69.98 ㎡	非共有
	同上	87番54	宅地	10.00 ㎡	非共有
	同上	87番37	公衆用道路	143 ㎡	92994分の7998
	同上	87番59	公衆用道路	43 ㎡	92994分の7998
	土地面積合計（宅地）			79.98 ㎡	
	土地面積合計（公衆用道路）			186 ㎡	
	備考	地番87番37は、現況、位置指定道路。 地番87番59は、現況、協定通路。			

する必要があります。室内の照明など、売り主が引っ越していく際に何を置いていくかを明確にする書類です。

売買契約書を取り交わす

物件状況報告書などを提出したら、いよいよ売買契約です。そのキモとなるのが売買契約書です。

売買契約書には「売買の目的物の表示」「売買代金、手付金の額及び支払日」などが掲載されています。

私の場合は、埼玉県小手指市のある信用金庫で、買い主と不動産仲介業者、司法書士、そして私という顔ぶれで集まり、書類の確認や捺印、残代金の受け取りをしました。その信用金庫から私の振込先に残代金が振り込まれて、スマホで入金を確認し、お開きとなりました。

Column

ポストに入っている不動産買い取りチラシには要注意

私が親の家を維持しているとき、次のような文面のチラシがポストに入っていました。「市内の相続登記を法務局で調査しました。ご相続された不動産について、ただ今在庫が不足しておりますので、通常期より高値で買い取ります」――。

チラシの業者を使うと、買い叩かれる

無人になった親の家を維持していると、ポストにこのようなチラシが入っていることが多くあります。文面はさまざまで、**「この地域限定で戸建てを探しています」**や**「3か月以内に購入したいという希望者がいます」**といった内容もあります。

なんとも怪しげですが、その多くは大手の不動産業者が差出人です。

取材を兼ねて、一度問い合わせたことがあるのですが、「今は供給過多になっています。でも、一度査定してみませんか?」と言われました。この時点で断りましたが、もしそのまま依頼したとしたら、**かなり買い叩かれる**ことになったと思います。

チラシが入っていると「ここでいいかな」と思いがちですが、それでは損をしてしまいます。4章で触れた段取りで、親の家を売ることをオススメします。

5章

家の相続登記をする

じゃ〜ん
登記完了証
不動産登記
土地や建物の所有者や土地や建物の面積所在などを公示して明確化する制度のこと
家の所有者
親
子供
所有者が変わる場合は登記手続きが必要なのです
これを所有権移転登記といいます
相続税の申請時……
親の家は俺が相続するね
遺産分割協議書
1. 相続人 永峰英太郎は 次の遺産を取得する
[土地]
所在 所沢市大字松郷
わかった
じつは これで登記は終わったと思ってました……

ところが……
家の売却にあたり法務局での不動産登記は終わってますか?
不動産仲介業者
え?
登記もやらないといけないんだ……
ここでようやく気づいた
登記申請書を書いたり
親の戸籍謄本を集めたり
区役所
法務局でアドバイスを受けたり
終わった!
5章では「親の家の不動産登記について」紹介します!

5-1

親の家を相続しただけでは、家は売れない

両親が他界し、相続税の申請を行うにあたり、親の家については、姉と話し合い、私が相続することになりました（18ページ参照）。そのとき「これで親の家が売れる」と思い込んでいました。

間違いを知ったのは、親の家を売るために、不動産仲介業者と初めて対面したときでした。担当者から**「相続による所有権移転登記（不動産登記）は終わっていますか？」**と言われ、初めて気づいたのでした。

不動産登記とは、土地・建物の所有者や面積、所在などを公示して明確化する制度のこと。法務局が管轄し、登記簿という公の帳簿に公示します。不動産登記事項証明書（登記簿謄本）を取得することで、その内容を確認できます。

不動産登記は、表題部と権利部がある

不動産登記は、不動産の所在や地積などを公示する「表題部」に関する登記と、不動産の権利関係（所有権に関する事項）を公示する「権利部」に関する登記があります。

不動産の所有者である親が亡くなると、その不動産を相続した人が所有権移転登記（権利部）を

［不動産登記事項証明書］

登記簿の内容は、不動産登記事項証明書で確認することができます。この証明書は法務局で取得します。

表題部

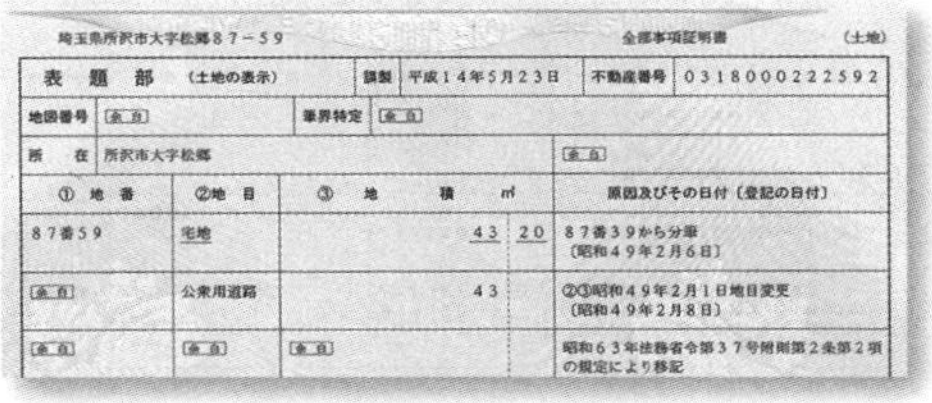

埼玉県所沢市大字松郷87－59　全部事項証明書　（土地）

表題部（土地の表示）		調製	平成14年5月23日	不動産番号	0318000222592
地図番号	余白	筆界特定	余白		
所在	所沢市大字松郷		余白		

①地番	②地目	③地積 ㎡	原因及びその日付〔登記の日付〕
87番59	宅地	43 20	87番39から分筆〔昭和49年2月6日〕
余白	公衆用道路	43	②③昭和49年2月1日地目変更〔昭和49年2月8日〕
余白	余白	余白	昭和63年法務省令第37号附則第2条第2項の規定により移記

登記した不動産の所在や地目・地積といった情報が掲載されています。

●建物表題登記　●建物滅失登記
●地目変更登記など

権利部

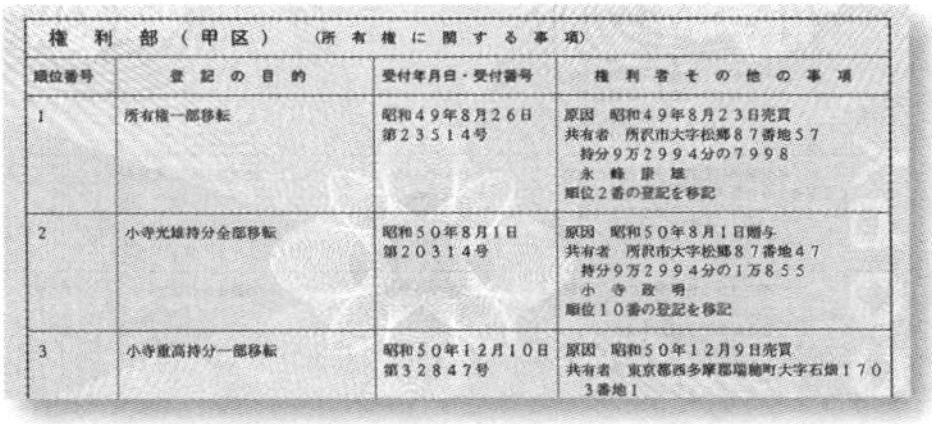

権利部（甲区）（所有権に関する事項）

順位番号	登記の目的	受付年月日・受付番号	権利者その他の事項
1	所有権一部移転	昭和49年8月26日 第23514号	原因 昭和49年8月23日売買 共有者 所沢市大字松郷87番地57 持分9万2994分の7998 永峰康雄 順位2番の登記を移記
2	小寺光雄持分全部移転	昭和50年8月1日 第20314号	原因 昭和50年8月1日贈与 共有者 所沢市大字松郷87番地47 持分9万2994分の1万855 小寺政明 順位10番の登記を移記
3	小寺重高持分一部移転	昭和50年12月10日 第32847号	原因 昭和50年12月9日売買 共有者 東京都西多摩郡瑞穂町大字石畑1703番地1

不動産の権利関係——誰がその不動産の所有者で、どのような権利がついているかといった情報が掲載されています。

●所有権移転登記　●抵当権設定
●抹消登記など

行う必要があるのです。

相続税の申請の際は、遺産分割協議書などによって「不動産は長男が相続」「貯金は長女が相続」などと決めていきますが、登記上は、そのままの状態なのです。不動産を相続した人が、法務局に登記を申請することによって初めてなされるのです。

不動産を管轄する法務局で申請する

この不動産登記は、不動産ごとに決められた法務局に申請する必要があります。私のケースでいえば、実家は所沢市だったので「さいたま地方法務局所沢支局」で申請をしました。

なお、**不動産登記の権利部については、本人の代理人として司法書士に頼むこともできます。**

5-2

不動産登記に必要な書類をそろえる

相続による所有権移転登記は、司法書士に頼んでもかまわないですし、相続人が自分で行ってもOKです。私は自分でやりました。個人的な感想としては、相続税の申請よりは簡単でした。

それほど難しくはない登記申請

なお、司法書士に頼む場合は、相続税の手続きと一緒に行うことをオススメします。書類集めなど、共通する事柄が多いからです。妻の父が亡くなった際は、二つの手続きを司法書士に依頼しました。費用は14万円でした。

この5章では、自分で申請する場合について、その進め方を紹介します。

相続による所有権移転登記で、一番面倒なのは「書類集め」です。しかし、前述したように、その多くは相続の申請時にも集めるものです。例えば「死亡した人の出生から死亡までの戸籍謄本」「相続人全員の戸籍謄本」などです。

取りそろえる書類は、左ページにまとめました。なお、固定資産評価証明書は、登記申請日と同一年度の証明書が必要になります。毎年4月1日に年度が更新されるので、要注意です。

[不動産登記のため必要になる主な書類]

登記をするにあたり、どのような書類が必要になるのでしょうか？　一覧にまとめました。しかし、それほど面倒ではないのでご安心を。

●登記申請書

課税価格や登録免許税。不動産の内容を記したもの。

●被相続人の戸籍謄本・除籍謄本

相続人のチェックをするため、被相続人の出生から死亡までに在籍した、すべての連続した謄本が必要。

[請求先]……各本籍地の役場

●被相続人の住民票除票

登記上の名義人と同一人かどうかを確認するため。
[請求先]……死亡時の住民地の役場

●相続人全員の戸籍謄本

相続人を確認するため。被相続人が死亡後の日付けのもの。

●不動産を相続する人の住民票

土地・建物を相続する人の住民票。本籍の記載のあるもの。期限はありません。

●不動産登記事項証明書

登記簿の内容が載った証明書。地積などを確認するときに必要です。

●遺産分割協議書

話し合いで法定相続分と異なる相続方法に決めたときに作成。遺産分割協議をした人全員が署名押印（実印）して、印鑑証明書を添付します。

●固定資産評価証明書

登録免許税を算出するため、登記申請日と同一年度の証明書が必要。

●登録免許税

土地・建物の固定資産税評価額（1,000円未満切り捨て）の1000分の4（100円未満切り捨て）。収入印紙で納付します。

5-3

登記申請書を作成していく

登記申請書には、土地や建物の課税価格（固定資産評価額）を算出し、その価格から登録免許税を計算して、それを記述していきます。

固定資産評価額は、固定資産評価証明書に載っています。役所で入手できます。しかしながら、そこに書かれている**評価額が、そのままイコール、登記申請の際の課税価格になるとは限らない**ので、注意が必要です。

チェックすべきは登記簿の内容がまとめられている「不動産登記事項証明書」です（170ページ参照）。私の親の家の地番は「87-37」「87-59」「87-54」「87-57」の四つあり、不動産登記事項証明書も、それぞれ別個になります。

「持分」が記入されている場合が要注意

この証明書の「権利部（甲区）」の「順位番号1」が、所有権の内容になっています。ここに「持分」が書かれている場合、課税価格に計算し直す必要があるのです。

詳細は左ページを見てください。なお、2022年度の税制改正で、それぞれの地番の課税価格が100万円以下の場合は、非課税になりました。

[土地の課税価格の出し方]

基本的には、固定資産評価証明書の評価額が課税価格になりますが、不動産登記事項証明書に「持分」とある場合は、計算し直すことになります。

不動産登記事項証明書

権　利　者　そ　の　他　の　事　項
原因　昭和４９年８月２３日売買 共有者　所沢市大字松郷８７番地５７ 持分９万２９９４分の７９９８ 永　峰　康　雄 順位２番の登記を移記

筆者の親の家の「87-37」（地番）の「権利部（甲区）」の「順位番号１」。「権利者その他の事項」に「持分」と書かれているかをチェック。

「持分９万2994分の7998」と記述されています。

固定資産評価証明書

市調区分	㎡当類似宅地価格（円）
評　価　額（円）	
備　考	
市街化区域	82,000
	1,172,600

筆者の親の家の「87-37」（地番）の固定資産評価証明書。評価額が1,172,600円と表示されています。この金額に持分を掛け合わせる必要があります。

1,172,600× 7,998÷ 92,998＝ 100,850

評価額　　持分　　課税価額

私の時代は10万円以下が非課税でした。

課税価格から登録免許税を算出する

こうして、すべての地番の課税価格が出たら、続いて建物の課税価格も確認し、すべてを合算します。私のケースでは７１３万１８９７円となりました。１０００円未満の金額は切り捨てになるので、７１３万１０００円が課税価格となります。登録免許税の計算式は「課税価格 × １０００分の４」で、２万８５００円（１０００円未満切り捨て）でした。あとは、これらの内容を登記申請書にまとめていけばＯＫです。

次ページに、私が法務局でアドバイスを受けながら作成した登記申請書を載せておきました。参考にしてください。

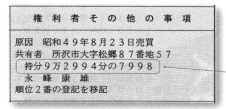

［登記申請書の記述例］

登記申請書は法務局のホームページなどでダウンロードできます。ここで紹介する登記申請書は、私がさいたま地方法務局でアドバイスを受けながら作成したものです。一部伏字にしてあります。手書きでなくてもOKです。

登　記　申　請　書

登記の目的　　所有権移転

原　　　因　　平成31　年3月26日相続

相　続　人　　（被相続人　　永峰康雄　）

住所　神奈川県鎌倉市〇〇
氏名　　永峰英太郎

移転する持分は別紙のとおり

連絡先の電話番号090　ー××××　ー××××

添付情報
登記原因証明情報　住所証明情報

□登記識別情報の通知を希望しません。

令和3年3月26日申請　　　さいたま地方法務局　所沢支局

代理人　　住所

氏名

課税価格　金7,131,000　円

登録免許税　金28,500　　円

不動産の表示　　別紙のとおり

所有者が死去し、相続による所有権移転登記をする場合は「所有権移転」と記入します。

不動産の所有者が死去した日を記入します。

固定資産評価証明書や不動産登記事項証明書と照らし合わせながら、土地と建物の課税価格の合計を記入します。

登録免許税の計算式は「課税価格× 1000分の4」です。28,500円(100円未満切り捨て)となります。

不動産の表示

固定資産評価証明書や不動産登記事項証明書に掲載されているすべての不動産（地番と建物）を記入していきます。

不動産番号　0318000222×××
所　　　在　所沢市大字松郷
地　　　番　87番地54
地　　　目　宅地
地　　　積　10・10平方メートル

不動産番号は不動産登記事項証明書に載っています。

不動産番号　0318000222×××
所　　　在　同所
地　　　番　87番地57
地　　　目　宅地
地　　　積　69・98平方メートル

2022年度の税制改正で、それぞれの地番の課税価格が100万円以下の場合は、非課税になりました。この地番の課税価格は79万5,400円でしたので、今であれば、非課税になっています。この場合は地積の後ろに「※租税特別措置法第84条の2の3第2項により非課税」と記入します。

不動産番号　0318000222×××
所　　　在　同所
地　　　番　87番地37
地　　　目　畑
地　　　積　143・00平方メートル
（移転する持分9万2994分の7998）

不動産登記事項証明書の「権利部（甲区）」の「順位番号1」に「持分」が記されている場合、ここに記入します。

不動産番号　0318000222×××
所　　　在　同所
地　　　番　87番地59
地　　　目　宅地
地　　　積　43・00平方メートル
（移転する持分9万2994分の7998）

不動産番号　0318000222×××
所　　　在　同所　87番地57、87番地54
家屋番号　87番57
種類　居宅
構造　［木・軽量鉄骨］造［セメント・瓦・亜鉛メッキ鋼板・ストレート］葺
床面積　1階　39・66平方メートル
2階　24・78平方メートル

建物については、不動産登記事項証明書に、構造や床面積などが記されているので、そのまま記入していきます。

5-4

申請書一式をまとめて、法務局に提出する

不動産登記は、登記申請書だけでは受け付けてもらえません。**登録免許税の印紙を貼った用紙と173ページで紹介した書類を一式取りそろえて提出**します。書類の綴じ方は左ページを参考にしてください。**提出先は、不動産の所在地を管轄する法務局**になります。私の場合は「さいたま地方法務局 所沢支局」でした。

相談できる窓口申請がオススメ

登記申請は、主に「窓口申請」と「郵送申請」があります。窓口であれば、事前予約でアドバイスを受けながら申請することができます。私は、ひととおり書類をそろえた段階で予約を取り、担当者のチェックを受けました。その結果、数点の指摘を受け、一度持ち帰り、再度窓口に行きました。ちょうど親の家の売却中の時期だったため、所沢に足を運ぶ機会も多かったので、そのタイミングに合わせて法務局に通うようにしました。

窓口で申請すると、「登記完了予定日」を教えてくれます。郵送の場合は、各法務局に電話をして予定日を聞くようにします。

登記完了予定日までに、補正の連絡がなければ、

［登記申請書の綴じ方］

登記申請書の綴じ方には、絶対的なルールはありませんが、私が実際に申請したときは、以下のようにしました。

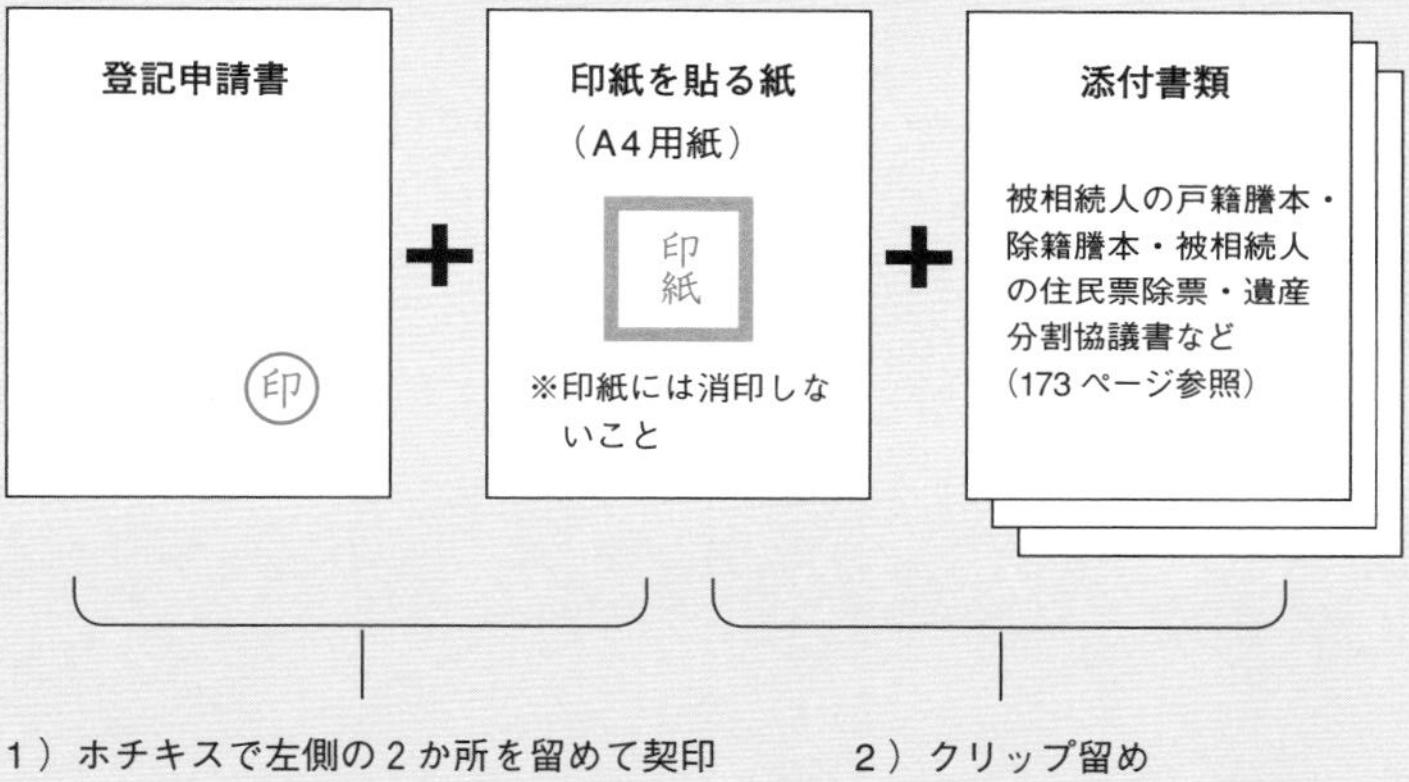
登記申請書
印
印紙を貼る紙
（A4用紙）
印紙
※印紙には消印しないこと
添付書類
被相続人の戸籍謄本・除籍謄本・被相続人の住民票除票・遺産分割協議書など（173ページ参照）
1）ホチキスで左側の2か所を留めて契印
2）クリップ留め

無事登記が終わったということになります。登記が完了すると、法務局の窓口、もしくは郵送で完了書類一式を受け取ります。**受け取る書類は「登記識別情報通知」と「登記完了証」**になります。

登記識別情報通知は売却時に必須

不動産を売却する際は、この登記識別情報通知が必要になります。私の場合、「土地売買契約書」の中に「残代金支払日までに相続登記が未了の場合、契約を破棄できる」といった特約条項がつきました。**２０２４年４月から相続登記の義務化が始まります。不動産の所有者になった３年以内に相続登記をする義務が生じる**のです。親が亡くなったら、早めに相続登記を行う――今後はこれがスタンダードになっていくでしょう。

おわりに

母が他界し、父が認知症を患い、老人ホームに入ったときから、私の親の家の維持管理が始まりました。それが２０１４年でした。その後、私は親の家を８年間維持したのち、２０２２年6月に売却しました。

私が、この家で生活したのは15年間です。その20数年後、再び親の家に関わるようになったわけです。

今振り返ると、この８年間は、とても濃密な年月でした。

無人になった親の家の片づけをしていると、物置の奥に、池波正太郎の本が大量にあるのを発見しました。その瞬間、父が「老後、池波さんの本を読んで暮らしたい」と話していたことを思い出しました。テレフォンカードや切手を収集していたことがわかり、自分の知らない親の一面も見つけることができました。

家の柱には、私や姉の幼少期の身長がペンで記録されているのを見て、姉と感慨にふけったこともありました。

私の親は、まったく家の断捨離をしないまま、この世を去ったため、片づけは大変でしたが、その一方で、こうした良い思い出を作ることもできました。

小・中・高の私を、温かい目で見守ってくれたご近所さんとも、それから20数年を経て、再び付き合いが始まりました。みなさん、当時となんら変わらず接してくれました。本書で触れたように、雑草のゴミ出しを手伝ってくれたり、新聞受けを定期的に片づけたりしてくれました。

時には「雑草が伸びているわよ」とやんわり注意を受けることもありました。それは幼少期からの付き合いだからこそのことだと、受け止めました。

また、足しげく通うなかで、近所への散歩も多くしました。小さい頃、どぶ川といわれていた川がすっかりきれいになり、桜の名所になっていました。小・中学校時代の友人の家を見つけて、うれしい気持ちになったこともありました。

そうした濃密な年月を過ごすなかで、後悔をしたこともあります。

それこそが、親の家の維持・売却にあたり、しっかり予備知識を習得しておけばよかったということです。そうすれば、もっと余裕をもった8年間を送ることができたなと、強く思います。

本書で何度も触れたように、右も左もわからない状態で、私は親の家の維持に入りました。梅雨の時期は雑草の成長が早いことさえ、知りませんでした。空き家になると、どんどん劣化が進むことにもびっくりしました。

売却時も、不動産登記がぎりぎりになってしまい、慌ててしまったものです。良い不動産仲介業者と悪い業者についても、その見極め方を理解していませんでした。自分では良い業者に出会えたと思っていますが、もしかしたら、もっと良い業者を探し出せた可能性もあります。

また親の家の維持・売却の前準備としては、親が元気なうちから行うことが大切なことも実感しました。家の片づけ、家に関する書類集め、そして、親が老後、どこで過ごしたいと思っているのか、などなど……。

親の家の維持、そして売却は、子供にとって最後の「親孝行」の場面だといえます。その親孝行がスムーズに進むよう、ぜひ本書をご参考にしてください。「良い親孝行ができたな」と思える方が1人でも多くなることを願っております。

2023年4月　永峰英太郎

【著者プロフィール】

永峰英太郎（ながみね・えいたろう）

1969年、東京生まれ。明治大学政治経済学部卒業。業界紙記者、夕刊紙記者、出版社勤務を経て、フリー。企業ルポ、人物ルポなどを得意とする。

主な著書に『日本の職人技』『「農業」という生き方』（アスキー新書）、『カメラど素人が、プロのカメラマンに撮影のテクニックを教わってきました。』（技術評論社）などがある。

また母親の死や父親の認知症の体験をもとに執筆した『70歳をすぎた親が元気なうちに読んでおく本』（二見書房）、『親の財産を100%引き継ぐ一番いい方法』（ビジネス社）、『マンガ！認知症の親をもつ子どもが いろいろなギモンを専門家に聞きました』（宝島社）、『認知症の親と「成年後見人」』（ワニブックスPLUS新書）、『これで安心“もしも”のときに子どもに迷惑をかけないための準備ブック』（永岡書店）を出版。親の家の維持・売却の経験をもとに、本書を企画。

メールアドレス
eitaro.nagamine@gmail.com

【監修者プロフィール】

高橋正典（たかはし・まさのり）

1970年、東京生まれ。不動産コンサルタント。価値住宅株式会社代表取締役。宅地建物取引士、ファイナンシャルプランナー。中古住宅の流通時において建物価値が築後経過年数に比例して一律減価する日本の建物評価に対して、個々の建物の価値の維持・向上を目指すべく、取引物件のすべてに「住宅履歴情報」の蓄積を行う、不動産取引から維持管理まで、顧客との永続的関係構築を行っている。

また、築年数によらず建物の一つひとつの価値を評価し、適切に売却及び流通させる不動産ネットワークである「売却の窓口」を運営、全国に加盟不動産会社が拡がっている。

著書に『マイホームは、中古の戸建てを買いなさい！』（ダイヤモンド社）、『プロだけが知っている！中古住宅の選び方・買い方』（朝日新聞出版）など。

出版プロデュース　中野健彦
編集　永峰英太郎
校正　川平いつ子
装丁　JK
漫画　石井里果
本文デザイン　江口修平

親《おや》の家《いえ》を売《う》る。

二〇二三年（令和五年）六月二十一日　初版第一刷発行
二〇二三年（令和五年）十月二十七日　初版第三刷発行

著　者　永峰英太郎
監修者　高橋正典
発行者　石井　悟
発行所　株式会社自由国民社
〒一七一－〇〇三三　東京都豊島区高田三－一〇－一一
電話〇三（六二三三）〇七八一（代表）
印刷所　プリ・テック株式会社
製本所　新風製本株式会社